太极拳技击解密系列之四

陈式罗架太极拳散手技艺

罗永平 著

人民体育出版社

图书在版编目（CIP）数据

陈式罗架太极拳散手技艺 / 罗永平著
. —北京：人民体育出版社，2019
ISBN 978-7-5009-5566-5

Ⅰ.①陈… Ⅱ.①罗… Ⅲ.①太极拳—基本知识 Ⅳ.①G852.11

中国版本图书馆 CIP 数据核字 (2019) 第 093040 号

*

人民体育出版社出版发行
三河兴达印务有限公司印刷
新 华 书 店 经 销

*

787×960　16 开本　12.75 印张　195 千字
2019 年 11 月第 1 版　2019 年 11 月第 1 次印刷

*

ISBN 978-7-5009-5566-5
定价：42.00 元

社址：北京市东城区体育馆路 8 号（天坛公园东门）
电话：67151482（发行部）　　邮编：100061
传真：67151483　　　　　　　邮购：67118491
网址：www.sportspublish.cn

（购买本社图书，如遇有缺损页可与邮购部联系）

序
——陈式罗架太极拳

罗永平先生的新作《陈式罗架太极拳散手技艺》即将付梓，嘱序于我，本人才疏学浅，又对太极拳技艺知之甚少，不敢妄言。然而，与罗永平先生交往多年，对他的了解还是颇多的，为他的书写几句话我是愿意也很高兴的。

罗永平先生出生于1953年，先工作于司法机关，后供职于江苏省丝绸总公司（现为江苏省苏豪控股集团），为二级公司总经理，复为江苏省丝绸协会秘书长，并长期担任《江苏丝绸》杂志主编，2015年出版学术专著《江苏丝绸史》，是行业内著名的丝绸专家。

罗永平先生不仅工作上成绩斐然，其在太极拳技理和太极拳文化方面也大有建树，亦是著名的太极拳师和太极拳文化研究学者。

罗永平先生自幼习武于南京著名拳师徐公伟，自查拳、通背劈挂拳及剑戟刀枪等；1970年投师南京著名太极拳师徐忠琦门下学练陈式太极拳。50年来，罗永平先生努力习练徐师忠琦所传拳法技理，潜心研究、体悟陈式太极拳拳法理论和实用技法，形成了独具特色的拳架和技法，与市面上的大架、小架、老架、新架等皆大不相同。经与有关人员商讨、总结，我们认为罗永平先生的拳法有以下特点：

第一，**具有传承性**。罗永平先生的拳理技法传承为陈发科—顾留馨—徐忠琦—罗永平，可谓脉络清晰，传承有序。在徐忠琦师父传授陈式太极拳大架（83式）的基础上，罗永平先生体悟、钻研、实践、发展，自然形成属于罗永平拳架和技法的"罗架"，但动作名称、基本拳势没有改变，且处处体现出陈式太极拳的基本原理。

第二，**具有独创性**。罗永平先生总结了自己的拳法拳理，形成了"梢节领劲、腰为主宰、跌空合出"的技理架构，并将83个拳式的用法梳理、提炼、归纳为150余个具体招术，借此可以有效地进行"招熟"的训练。尤其是，根据每一招术的搏击用途、劲路特点、肢体轨迹等，象形、会意、指事、借代地予以招术命名，比如"懒扎衣"拳势就有4个招术：顺水推舟、叶下摘桃、达摩抱缠、连中三元。这不仅便于记忆，更彰显了文化内涵，创新创意，前所未有。

第三，**具有发展性**。十多年来，罗永平先生不仅在《中华武术》《少林与太极》《武魂》等专业杂志上发表了数十篇文章，还在网络、视频上广泛宣传教学，具有较大的影响力和知名度，且已有大量学生学练这套拳，收授了20多名弟子予以传承。

第四，**具有系统性**。罗永平先生结合数十年的研究体悟，写成三部重要著作：《太极拳技理探微》《陈式太极拳大架（83势）技势招术》和即将出版的《陈式罗架太极拳散手技艺》，从技理、招术、散手三个层面阐述、解析，从而形成了自己独有的理论体系、技术体系和训练体系。其间，还提出了学练本拳架的通关密码"三节分家"，特征符号"跌空合出"。

第五，**具有成效性**。因罗永平先生所传太极拳法的训练方法科学系统，独特合理，使从学者缩短太极拳技练就的时间，既较快地掌握太极拳法要义，又获得防身、健身体感。

因此，罗永平先生现在传授的太极拳，承继传统陈式太极拳拳理拳技，同时嵌入了自己独特的拳法技理和技势招术，独特、系统、合理、一气呵成，从客观上形成了不同风格的"陈式太极拳"。

鉴于上述，将罗永平先生所传拳法以**"陈式罗架太极拳"** 冠名，既客观合理，又便于在传承中记忆，不仅得到了当地武术人士的认可，也在河南温县"太极网"每周六视频直播教学中进行，且深受拳友喜爱。

当下太极拳名师、大师以及各种名头的太极拳法层出不穷，可比拟罗永平先生既有高超拳技又有太极拳文化修养的拳师屈指可数，罗永平先生不愧为"有理论、有实践、有功夫、有文化"的太极拳师。

今天，借《陈式罗架太极拳散手技艺》出版之际，推荐**"陈式罗架太极拳"**

正当其时，也名副其实！

本人敬佩、欣赏罗永平先生拳理拳技和太极拳文化修养，写了如上文字，也算是为"**陈式罗架太极拳**"鼓与呼吧！

是为序。

南京市太极拳文化研究会副会长
曹波
2019 年 8 月 26 日

前 言

　　足球，世界人民皆爱之！2018年的"世界杯"在俄罗斯开战，球迷们又度过了激情飞扬、畅快淋漓的赛季。足球如同太极拳，也有流派：即以英国、德国为代表的欧洲流派；以巴西、阿根廷为代表的南美流派；以法国、意大利为代表的欧洲拉丁流派。笔者系伪球迷，但也喜爱足球，尤其偏爱以巴西、阿根廷为代表的南美足球。他们脚下功夫深，节奏感好，技术娴熟灵活，动作细腻，短传配合渗透，善于以灵活的身姿巧妙摆脱或突破对方；场上队员的控球运球、左传右接、渗进拉出、整体推进、个人突破，起动迅疾、爆发强力，犹如太极拳的掤、捋、挤、按、采、挒、肘、靠，前进、后退、左顾、右盼、中定拳架套路之演练；又如刚柔相济、闪展腾挪、穿蹦跳跃、松活弹抖技艺出神入化之运用，真乃赏心悦目呀。这就是足球之魅力，足球艺术之魅力！无怪乎巴西足球被誉为"绿茵场上的芭蕾"，无怪乎巴西人能拿下五次"世界杯"冠军！

　　感叹足球的魅力，丝毫不减我中华太极拳之魅力。君不见，太极拳架演练起来神凝气运、安舒中正，"如长江大海滔滔不绝也"；太极拳推手、打手起来粘黏连随、随曲就伸、舍己从人、不丢不顶，如阴阳融合之球体；太极拳散手起来既行同乎水流，止侔乎山立，又虎威比猛，鹰扬比疾；既轻如杨花，又坚如磐石；既进为人所不及知，又退亦为人所莫名速，系人不知我、我独知人的世外高人。此说虽为技，其实蕴涵高超的"艺"即"技艺"中的"艺"，"艺术"也！太极拳艺术一说，似乎很"高、大、上"，当然是"高、大、上"呀！要不然全世界怎么可能有几亿人在学练太极拳？是故，太极拳魅力就在于它的"艺术"。

　　艺术嘛，简单地说，就是用形象来反映现实但比现实有典型性的社会意识形态，包括文学、绘画、雕塑、音乐、舞蹈、戏剧、电影等。按照这个定义，与武术及太极拳最接近的当属舞蹈。其实"武舞"早已有之，古有公孙大娘的"剑舞"，后有戏剧，尤其是京剧里的"武打"，今有2008年北京奥运会开幕式，以及近几年的"春晚"，加入了太极拳元素，亦可称为"太极舞"。这样的"舞"是以经过提炼和加工的肢体语汇、节奏，以及表情、构图等基本要素，塑造出具有直观性和动态性的审美形象，并以此表达人们思想情感的艺术。而太极拳架（套路）是以经过总结和提炼的肢体语言，以及松沉圆缓、螺旋缠绕、吐纳导引等基本要素，创编出具有直观性和动态性的拳术审美形象，并以此表达人们修身养性情感的艺术。而太极拳散手是经过总结和提炼的肢体语言，以及舍己从人、引进落空、四两拨千斤等基本理念，打造出具有直观性和动态性的技击审美形象，并以此表达人们技击理念和情感的艺术。

产生于清末民初的太极拳术，是中国武术发展的必然，它充分体现了中国人的智慧和理念，展现了中国人的审美情趣。在冷兵器时代的徒手搏击中，人们摒弃了一贯的外形强壮、拳脚力大、硬打硬拼的崇尚，转向柔而坚刚、以柔克刚、以小博大、以弱胜强的追崇，塑造的太极拳架之美、技击之美令人向往、着迷。

太极拳散手，就是徒手技击、搏斗、实战！纵观当今太极拳练习者大多追求健身养生，而与以技击搏斗为目的的太极拳相去甚远，即使有意追求太极拳技击的同仁也大多就"技"论"技"，且停留在拆拳、讲劲层面，对太极拳架之"美"，对太极拳技击之"艺"论述不多，形同工厂流水线上的浮皮潦草，缺乏"手工缝制"的工匠之心。笔者认为，论及"技击"，在拆拳、讲劲的前提下，更要将技势"掰开来、揉碎了"，深入太极拳技击的骨肉肌理去解析，才能有太极拳技击的"艺术"之感。

我们要体会太极拳的技击艺术，就得学习前辈大师们的拳技拳论，但是，前辈大师们的论述大都是功夫成就后的结果与感受，只有具备了相当太极拳功夫的人才能体会或读懂。常言道：一层功夫一层理，因此，一般不能直接按照书中内容去练习，那样就是拿结果当过程来习练，系本末倒置，练不出功夫。当然，太极拳也不神秘，并非如社会上一些人胡吹乱侃，把太极拳讲得云山雾罩，神秘兮兮。大道至简，只要你按照本书中的方法学练，诚心认真，努力刻苦，坚持数年，就可登堂入室。这叫：太极拳不神秘，太极拳不易学！

笔者习练陈式太极拳大架近50年，其传承为：陈发科—顾留馨—徐忠琦—罗永平，脉络清楚，传承有序。以往遵师嘱较保守。近十多来，国家大力弘扬传统文化，深感本人传承的陈式太极拳（大架）中有许多传统和古老的技艺不能流失于鄙人之手，同时也深深感到，我这支太极拳技击"美感"足，"艺术"范儿。我始终认为：与人交手，将对方发出、放倒较容易，可要将对方从容潇洒地发出、放倒就不容易了。因而自己在散手实践和传授弟子、学员的同时，将徐师忠琦及前人传授的内容进行归纳总结、提炼整理，使之系统化、规范化、技击化，同时体现太极散手"从容""潇洒"的艺术。

笔者秉持"忠实传承，科学弘扬"的理念将此书奉献予您，请您在阅读本书时，不要用以前或固有的观点阅读比较此书，应该以未知的或超越的心境看待此书。

太极拳者儒雅睿智形，谦谦君子度，非武夫之态尔！

愿以此书与众多太极拳技击爱好者交流，共同弘扬太极拳技艺。

罗永平

2019.8.19 凌晨

目 录

第一章 礼 仪 （1）

第一节 礼仪概述 （2）
第二节 武林礼仪 （3）
第三节 太极拳礼仪 （6）
一、抱拳礼 （6）
二、拱手礼 （9）

第二章 基本功法训练 （13）

第一节 概 述 （14）
第二节 训练科目 （14）
一、反向抡臂（开肩） （15）
二、松腰沉胯 （17）
三、沉肩坠肘 （18）
四、左右插脚 （19）
五、正反云手（开胯） （21）
六、"8"字缠丝 （22）
七、"川"字步 （24）
八、内外扣步 （25）
九、套步 （28）
十、禹步 （29）
十一、闪步 （32）
十二、撤步 （34）
十三、五行步 （35）

第三章 推手、打手训练 ……………………………（41）

第一节 概　述 ………………………………………（42）
第二节 一般要义 ……………………………………（44）
第三节 推手—打手 …………………………………（45）
第四节 推手训练 ……………………………………（49）
　一、单腕花 …………………………………………（49）
　二、双腕花 …………………………………………（51）
　三、合步推手 ………………………………………（54）
第五节 打手训练 ……………………………………（55）
　一、顺步打手 ………………………………………（55）
　二、四正打手 ………………………………………（58）
　三、大捋 ……………………………………………（63）
　四、乱踩花 …………………………………………（65）
第六节 招术训练 ……………………………………（66）
　一、八字缠手 ………………………………………（67）
　二、仙姑盘肘 ………………………………………（68）
　三、黑熊靠山 ………………………………………（69）
　四、折拿虎尾 ………………………………………（70）
　五、白马翻蹄 ………………………………………（72）
　六、推窗望月 ………………………………………（73）
　七、倦鹤轻舒 ………………………………………（75）
　八、迎门肘 …………………………………………（76）
　九、左右压肘 ………………………………………（77）
　十、手掌翻压 ………………………………………（79）
　十一、混沌初开 ……………………………………（80）
　十二、二郎舍肘 ……………………………………（81）
　十三、左拨右搓 ……………………………………（83）
　十四、关公取项 ……………………………………（84）
　十五、叶底采肘 ……………………………………（85）

第四章　接手训练 ……………………………………（87）

第一节　概　述 …………………………………………（88）
第二节　一般要义 ………………………………………（90）
第三节　训练科目 ………………………………………（91）
　一、外接（直拳） ……………………………………（91）
　二、里接（摆拳） ……………………………………（93）
　三、滚压接（勾拳） …………………………………（95）
　四、十字接 ……………………………………………（96）
　五、捋接 ………………………………………………（97）
　六、采接 ………………………………………………（98）
　七、抹接（单、双手） ………………………………（99）
　八、顺逆接 ……………………………………………（101）
　九、双逆接 ……………………………………………（102）

第五章　散手训练 ……………………………………（105）

第一节　概　述 …………………………………………（106）
第二节　一般要义 ………………………………………（107）
第三节　散手的艺术，艺术的散手 ……………………（108）
第四节　交流切磋、踢场子 ……………………………（111）
第五节　招术训练 ………………………………………（113）
　一、叶下摘桃 …………………………………………（114）
　二、连中三元 …………………………………………（115）
　三、翻手为云 …………………………………………（116）
　四、覆脚为雨 …………………………………………（118）
　五、浪遏飞舟 …………………………………………（119）
　六、疾风断肢 …………………………………………（120）
　七、送客楚门 …………………………………………（121）
　八、雷击空谷 …………………………………………（122）
　九、苏武挥鞭 …………………………………………（124）

3

十、顽童拨牛 …………………………………（125）
十一、迦叶拈花 …………………………………（127）
十二、霸王敬酒 …………………………………（128）
十三、鹞子入林 …………………………………（129）
十四、轻抹头陀 …………………………………（131）
十五、拨云见日 …………………………………（132）
十六、一挂三鞭 …………………………………（134）
十七、青龙出水 …………………………………（136）
十八、喜鹊登枝 …………………………………（137）
十九、野马探头 …………………………………（139）
二十、怀中揽月 …………………………………（140）
二十一、白猿挂肘 ………………………………（141）
二十二、力劈华雄 ………………………………（142）
二十三、玉女飞天 ………………………………（144）
二十四、乌龙摆尾 ………………………………（145）
二十五、贵妃醉跌 ………………………………（146）
二十六、罗汉撞钟 ………………………………（148）
二十七、白猿探爪 ………………………………（149）
二十八、魁星踢斗 ………………………………（151）
二十九、当头炮 …………………………………（152）

附录一：拳论 ……………………………………（154）

太极拳之"节节贯串" ……………………………（154）
太极拳之"三节分家" ……………………………（159）
太极拳推手之"跌" ………………………………（170）
太极拳技理架构探究 ……………………………（174）
正确理解"其跟在脚，发于腿，主宰于腰，行于手指"之意 ……（180）

附录二：弟子名录 ………………………………（184）

后　记 ……………………………………………（185）

第一章
礼　仪

中国是一个十分崇尚礼仪的国度，而在江湖武林中，尤其是近千年及至数百年的江湖武林中，对礼仪尤为重视。太极拳礼仪虽归属江湖武林礼仪，但因太极拳的修炼理念、方法特殊，其礼仪也有其独特之处。

第一节 礼仪概述

所谓"礼仪"，就是礼节的规范与仪式。就"礼"而言，它既是符合社会整体利益的行为准则，比如礼教、礼治等；也是人们在社会交往中表示尊敬的态度和动作，比如礼让、礼遇等。就"仪"而言，它既是指人的外表或举动，比如仪态、仪表、威仪等；也是指按照一定程序进行的礼节，比如仪式、仪仗、司仪等。

中国自古崇尚"礼仪"，被称为"衣冠上国，礼仪之邦"，崇"礼"是中华民族几千年灿烂文明史的重要标志。中国古代有"三礼"之说，即成型于2000多年前的《周礼》《仪礼》《礼记》，是古代华夏民族礼乐文化的理论形态，对礼法、礼仪作了最权威的记载和解释，诸如周代的冠、婚、丧、祭、乡、射、朝、聘等各种礼仪，内容丰富繁杂。同时，为了凸显人的尊卑贵贱，对不同阶层、不同身份的人，制定了严格的礼仪规范。比如，《周礼·春官·大祝》"辨九拜"记曰：一曰稽首，二曰顿首，三曰空首，四曰振动，五曰吉拜，六曰凶拜，七曰奇拜，八曰褒拜，九曰肃拜。可见其森严。

"三礼"的形成意义重大且深远，它通过制度将礼仪推行到各个不同等级中去，扩大周文化的影响，维护宗法等级秩序。究其本质不过是"经国家，定社稷，序民人，利后嗣"。

由周至汉，中华民族在长期的社会活动中，针对不同事物、不同社会形态，逐渐形成了高尚的道德准则和完整的"礼仪"规范，其内容十分丰富，所涉及的范围非常广泛。"非礼勿视，非礼勿听，非礼勿言，非礼勿动"的儒家道德准则一直深深影响着中国民众。随着时代变迁，具有中国传统社会特质的各种礼仪逐渐制度化、繁杂化，涵盖了人们日常生活的各个方面，并一直得以延续。可以讲，"礼"已完全渗透到人们的日常生活当中，仪尚适宜，诚如琴瑟。

可以说，"礼"是规则，"仪"是礼的具体表现形式。礼仪不仅是一种待人接物的行为规范，而且成为了一个人道德品质、文化修养，以及外在形象的具体体现。孔子曰："不学礼，无以立。"这是儒家思想体系的核心，"修身、齐家、治国、平天下！"则是儒家立教的主旨，其首要就是"修身"，也就是对一个人品行素养的塑造，使其达到入仕的最基本的要求。一个社会如果讲文明礼貌的人多了，这个社会一定是和谐的、有序的，从另一个方面讲，"礼仪"实际上成为了自然约束人们言行举止的缰绳，完成了法律无法鞭及的道德情操范畴的研判，起到了平衡大众心态、维护社会稳定的重要作用。可见，一个社会对"礼仪"通达践行的重视与否，也是这个社会文明程度的表现。

中国传统"礼仪"，是几千年华夏文明的崇高体现，是中华民族在人文历史上，对人、对己、对大自然表示的尊重和敬畏，也是维系人们之间情感的手段和方式，其独特的功能，将随社会的不断进步，发挥出他不可取代的作用。

第二节　武林礼仪

说到中国传统礼仪，不得不说说"武林"。武林是中国特有的社会形态，其礼仪的讲究和道德的规范在社交场合尤为注重。武林江湖的礼仪庞大而复杂，是一篇大文章，我们只能简略叙述之。

首先，讲究仪容。穿戴要整洁大方，站如松、立如钟，不得敞胸露怀，捋胳膊挽袖子；不得举止张扬，嗓大声高，龇牙咧嘴，挤眉弄眼；不得指点比划，品头论足，大大咧咧，两腿大敞。

其次，讲究礼节。如行礼，对长辈、平辈、晚辈，同门间的行礼都有要求；

再如献礼（果品、烟酒、书画、礼金……），献什么礼，献多少礼等都有说法。

再次，讲究礼数。如有拳师登门造访，是迎出门，还是弟子列队出迎？甚或大弟子出迎，还是师父在二门或庭前迎候等，都有讲究。

武林人士在社会交往中实施最多的是"行礼"，这和中国社会采用的行礼礼节基本一致，就是"抱拳礼"或称"拱手礼"，也称作"作揖"，但武林人士的"抱拳礼"略有不同，而"拱手礼"则另有说法。

先说"抱拳礼"。行礼时，一般身体直立，两手相合成拳，左手握于右手上，上下晃动拳两三下以示打招呼行礼了（图1-1）。此外，双手大拇指并拢，寓意主客平等（图1-2）。如果左手大拇指压右手大拇指，寓意客欺主（图1-3），如右手大拇指压左手大拇指，则是主欺客了（图1-4）。

图1-1

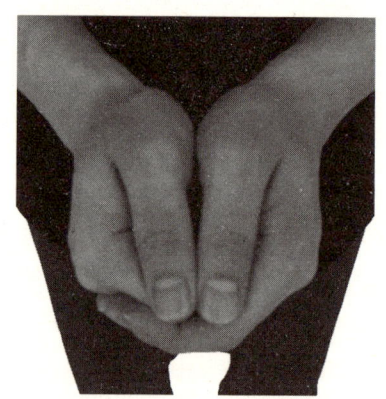

图1-2

图1-3

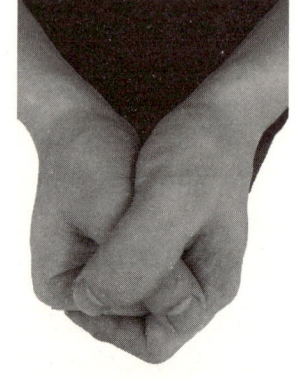

图1-4

但在较技、演练、门派间交流聚会等正式场合,武林中人的抱拳礼和社会上的一般作揖略有不同。在这样的场合,身体直立,右手握拳,左手食指、中指、无名指三指伸直,大拇指和小指握住右拳,拳眼向内,两臂向前撑圆,即为一礼(图1-5、图1-5附图)。

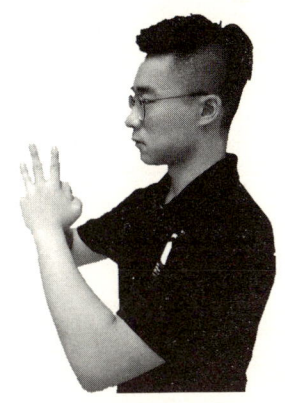

图1-5　　　　　　　　　　　　图1-5附图

如果观者较多,则要从右往左作三揖,这叫做"青龙三点头",也称做"罗圈揖",礼敬众人也!左手三指伸直,叫做"拜敬三老四少",尽显谦卑恭敬。如带有短器械,尖刃应朝下,右手握住,左手伸三指附于右手上;如带长器械,多右手竖握,左手依然伸三指附于右手之上。

同门和同辈之间交往的抱拳礼,则是左手伸直四指,大拇指附于右手拇指上(图1-6),寓对对方的尊敬,伸四指寓意为"四海之皆兄弟"。作揖时,抱拳于胸前向前方撑出成圆状,表示朋友之情固若金汤,受礼者应该以同礼相还。老年拳师互访,为主客平等式抱拳,行礼时,抱拳于胸前轻轻晃动数下。

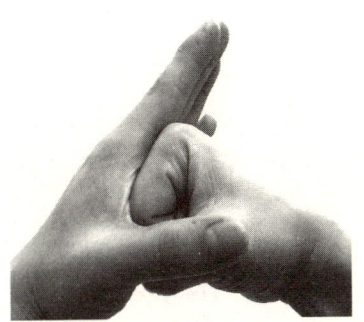

图1-6

行礼也要讲究礼数,给长辈行礼,握拳要略靠右肩,对着长辈左肩,寓意长者为上;给同辈行礼,握拳居中,寓意双方平等;给晚辈还礼,握拳略靠左肩,不能乱了身份辈分。

传统武林礼仪，从仪表仪容，到出门、访友、会客、探望、迎客、请客、做客、馈赠、庆吊等，可谓繁琐之至，一处礼节不到、礼数不周、礼仪缺失，轻者遭人耻笑，引起误会，造成不愉快，重者结下梁子，酿成争斗甚至血案，其例子也并不少见。

当然，传统武林外在注重礼貌、礼节、礼数，内在体现孝道、忠义、和谐，目的是为了团结、和谐，少争斗，其核心是敬人、律己。这是它的积极面，应该予以肯定。

礼仪体现着一个社会的文明程度，也折射着人们的道德水准，传统的武林礼仪对维护武林秩序不可小觑。非礼不成，礼仪当先，礼多人不怪，礼尚往来等礼仪被大家都尊重时，武林人士便会变得宽容、敬人、真诚、谦恭、自律了。因此，武林人士决不能"无礼"。诚然，一些旧有的礼仪已经不符合现代社会文明程度和道德修养需求了，该逝去的就让它逝去。作为一种有数千年历史且有着深厚群众基础的武术，应该建立起一套适合当今社会的完整的礼仪，既有利于武术技艺的弘扬和发展，又有利于武林人士文明程度的提升和道德品质的培养。

第三节　太极拳礼仪

太极拳是武术众多类别中的一类，它的礼仪自然遵循武林的礼仪。但太极拳的思维理念和训练方法有别于其他拳术，故"作揖"的礼节也与其他拳术略有不同。太极拳的"作揖"有两种，即"抱拳礼"和"拱手礼"。

一、抱拳礼

从历史上看，抱拳礼起初是周朝的军礼，后为武者延用，称作"武揖"。人们一般都用右手拿武器，用左手抱住或遮住右拳，表示对武力的自我约束。其手型，双手抱拳，左手抱住右手于胸前，平身行礼。

抱拳礼是由中国传统"作揖礼"和少林拳的抱拳礼（四指礼），加以提炼、规范、统一而得来的，并赋予了新的涵义，这是在国内外一直被采用的具有代表性的武术礼法。

行礼的方法是：并步站立，左手四指并拢伸直成掌，拇指屈拢；右手成拳，左掌心掩贴右拳面，左指尖与下颌平齐。右拳眼斜对胸窝，置于胸前屈臂成圆，肘尖略下垂，拳掌与胸相距20~30厘米。头正，身直，目视受礼者，面容举止自然大方。

抱拳礼的具体含义是：左掌表示德、智、体、美"四育"齐备，象征高尚情操，屈指表示不自大，不骄傲。右拳表示勇猛习武。左掌掩右拳相抱，表示"勇不滋乱"，"武不犯禁"，以此来约束、节制勇武的意思。左掌右拳拢屈，两臂屈圆，表示五湖四海，天下武林是一家，谦虚团结，以武会友。左掌为文，右拳为武，文武兼学，恭候师友、前辈指教。

根据场合不同，"抱拳"可分为两种：一是在气氛较随意的场合，左手抱住右拳，于胸前轻轻晃动（图1-7），二是在较正式的场合，两足立正，神情庄重，左手为掌盖压于右拳，环合胸前，随身体调整方向，向四周示意行礼（图1-8），这是现代的"抱拳礼"。

图1-7

图1-8

但是，也有例外，八极拳的"抱拳礼"则是左手为拳，右掌抱住左拳，因为八极门理念为"左掌右拳，为恶；右掌左拳，为善"，故而以此为"抱拳礼"。

太极拳作为一种具有中华文化印记的武术运动，它的拳法义理来源于

《易经》，而《易经》是中华文明的起源，太极拳创始人深受《易经》"一阴一阳之谓道"思维理念之浸染，创编出符合太极阴阳学说的独特拳术。然而，目前武林人士采用的是现代抱拳礼，笔者认为，现代的"抱拳礼"未能体现出"一阴一阳之谓道"和"万物负阴而抱阳"的思维理念，也未能体现出太极拳"阴阳明而手足得其用，虚实定而攻守得其宜"的技势实要。因此，这样的"抱拳礼"不适合太极拳的行礼。而本人传承的太极拳"抱拳礼"和"拱手礼"则另有他形和他说。

武林人士一般认为太极拳属于内家拳系列（虽然内家拳就是内家拳，太极拳就是太极拳），而所谓内家拳与中国传统道家、道教不无关系，且深受道家、道教文化的影响。道教人士行礼时采用的是"子午诀"手势。

道教"子午诀"手势取义左为阳生气也，右为阴杀机也，以阳抱阴，以生制杀。以左手大拇指插入右手虎口内，掐右手子纹（即无名指根部）；右手大拇指屈于左手大拇指下，掐住午纹（即中指上纹），外呈"太极图"形，内掐"子午诀"。这种抱拳方式既可以用于日常行礼，也可以用于修习静功打坐时，其寓意为"抱元守一"。

太极拳汲取道教行礼"子午诀"手势之精要，将"抱拳礼"手势简化为：右手合握左手大拇指，左手再合抱右手，手型成"太极图"状（图1-9），再结合传统武林"抱拳礼"其他要义，形成太极拳特有的"抱拳礼"，并以此规范太极拳行礼礼仪（图1-10）。

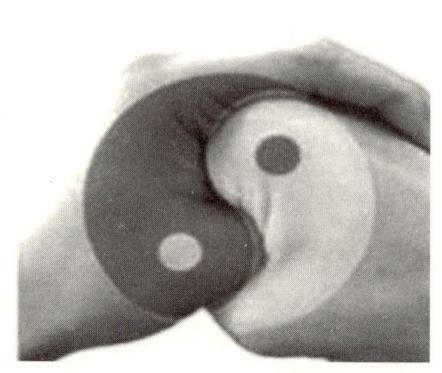

图1-9

图1-10

太极拳"抱拳礼",其右手握拳,寓意"以武会友";左手掌盖住右手,寓意"拳由礼来";当胸抱拳,两臂形成圆形,寓意"天下武林是一家";还有另一层,左手抱右拳通常是"承让"的意思,而右手抱左拳则通常被认为是"随时领教"的意思。

笔者认为,太极拳的"抱拳礼"真切反映了太极拳思维、理念、拳理、技要,不失为上佳的行礼规范。

太极拳"抱拳礼"的使用范围与其武林社交场合相同。

二、拱手礼

从历史上看,拱手礼周朝起人们交往时就采用了拱手礼,有2000多年的历史。当时的"拱手礼"有模仿带手枷奴隶的含义,以自谦的方式表达对他人的敬意。《论语》中也有"子路拱而立"的记载。"拱手礼"不仅是最能体现中国人文精神的社交礼节,而且也是最恰当的一种交往礼仪。"拱手礼"的手型是:双手掌心向里叠合,环抱胸前,左手在前,右手在后,两手拇指竖起。根据交往对象的身份、地位不同,分为"直身",平等同辈之间行礼;"欠身",举手至腭欠身行礼,适用对长辈行礼;"下拜",对官员行礼,要一拱到地。这从反映秦汉历史的电视剧中我们可屡屡见到(图1-11)。

图1-11

由此延及出太极拳的"拱手礼"。

太极拳"拱手礼"的手型是：双手掌心向里叠合，环抱胸前，左掌在前，右掌在后，左手拇指插于右手拇指下，右手拇指附于左手拇指上，手型呈较平行的"太极图线"，实际就是"抱拳礼"的"拳"演变为"掌"（图 1-12、图 1-12 附图）。

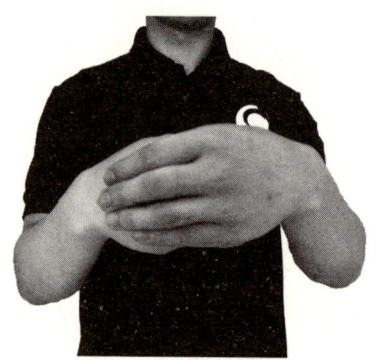 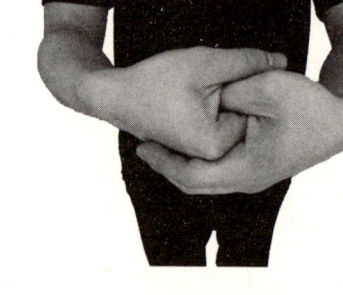

图 1-12　　　　　　　　　图 1-12 附图

"拱手礼"的行礼要求是：两脚分立，与肩同宽，为"无极式"；左脚上前一步，右脚随上一步；同时，两手环抱成"拱手"势，捧于胸前，顺缠外掤，领首示意；随后，左脚后撤归原位，右脚后撤与左脚分立，与肩同宽，两手自然落于身体两侧，成太极"无极势"，礼成（图 1-13~图 1-20，图 1-17 附图、图 1-18 附图）。

图 1-13　　　　　　　　　图 1-14

第一章 礼 仪

图 1-15

图 1-16

图 1-17

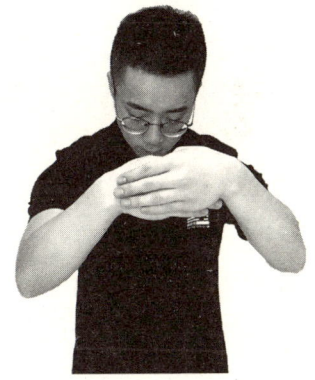

图 1-17 附图

图 1-18

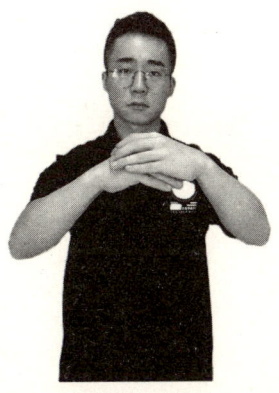

图 1-18 附图

图 1-19　　　　　　　　　　　图 1-20

"拱手礼"主要适用于较正式的场合，如比赛、表演、交流等。

以上简要综述了有关"抱拳礼"的形成、含义和规范。由此我们可以看出，它是中华传统文化的表现形式之一，折射出华夏"礼仪"文明的久远与典雅。

而太极拳的"抱拳礼"和"拱手礼"，则独具一格，充分体现了太极拳文化内涵和礼节形态，是太极文化的重要组成部分。事无礼不成，有礼才能有节，才能更好地传承太极文化。

推行此礼，太极拳者温文尔雅，雍容大度，谦谦君子昭然一现。

第二章
基本功法训练

基本功，顾名思义，是拳术基础的、起码的并可辅助正式拳架要领、要求、规范的动作。没有基本功的训练，或者你的基本功不好，不达到要求，那么你的拳术也一定不怎么样。因此，基本功是学练拳术的首要基础，不可等闲。

第一节　概　述

任何拳种，都有其相应的基本功训练方法，为的是使习练者能知晓最基础、最基本的动作规范，熟悉和习惯某些动作的训练方式，以便正确掌握拳法的各种要领。太极拳也是如此。根据其拳法的特点，衍生了许多太极基本功训练法。这些基本功法都是以个体训练为主，主要是体现"太极拳，缠法也"的特性，通过手法、身法、步法协调性的练习，掌握顺逆缠丝的运化手法，为拳架套路的学习打好扎实的基础。

笔者常年传授的是"陈式太极拳大架"一路83式、二路74式两套拳，拳架古朴大方，圆活自然，讲求"梢节领劲，主宰于腰，跌空合出"，在太极拳体系里可谓别具一格！笔者习拳教拳50年，长期深自砥砺地修炼，加之对拳法技理的不断探研，总结编制了一套实用的太极基本功训练法。功法以顺、逆缠丝为要质、"梢节领劲"为主导，着重培养肢体对"三节分家"的感受，形成"三节明，四梢齐，五行闭，身法活，手足法连"的动作记忆，使得从学者能较快地熟悉拳法要领，因循娴习，而纯功日益递进，为精修太极拳拳艺打下坚实基础！

第二节　训练科目

笔者编制的这套太极基本功法，涵盖了陈式传统大架太极拳全部身、手、步之技势要法，坚持练习，有助于快速理解和掌握拳架套路，提高学练的进度，有事半功倍的实效。基本功法有：

反向抡臂（开肩）	内外扣步
松腰沉胯	套步
沉肩坠肘	禹步
左右插脚	闪步
正反云手（开胯）	撤步
"8"字缠丝	五行步
川字步	

以上十三项基本功法都各自有其动作规范和要求。

一、反向抡臂（开肩）

动作：两脚平行直立，与肩同宽；两臂伸直上举，掌心相对，两膀贴耳。起：先右臂向前，左臂向后，身体左转，做贴身立圆环绕一圈，反复环绕10圈（图2-1~图2-7）。后再反向环绕10圈。

图 2-1

图 2-2

图 2-3

图 2-4

图 2-5

图 2-6

图 2-7

要点：肩部务必要松弛，两掌尽量外伸，将手臂拉直。
功能：肩部机械性拉开，有助于沉肩。

二、松腰沉胯

动作：两脚分开直立，与肩同宽，双手叉腰胯放松。起：先屈膝下沉，意念将胯根部与脚后跟垂直一线；后直膝上起。如是反复，节奏轻缓10次（图2-8~图2-11、图2-10附图）。

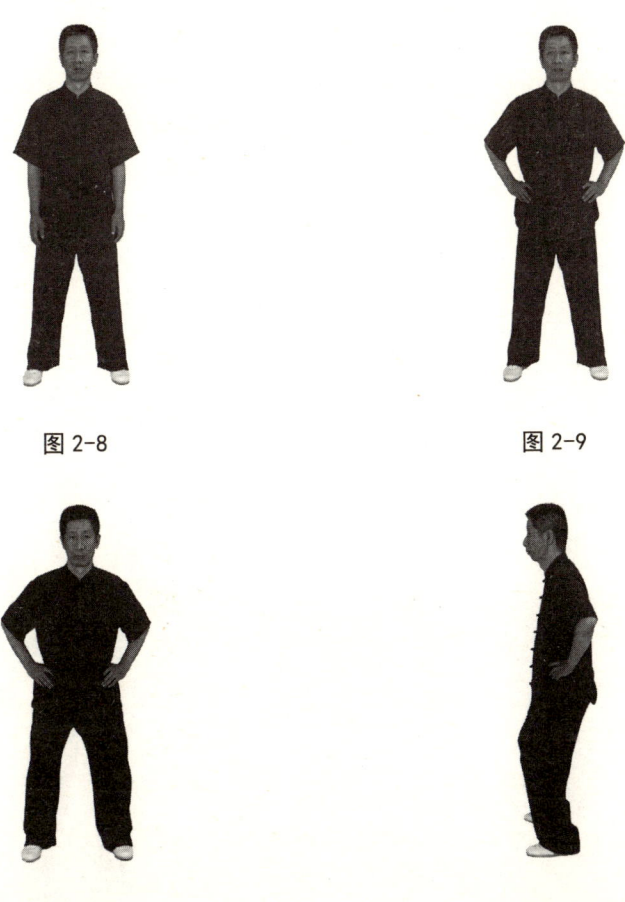

图2-8　　　　　　　　　　图2-9

图2-10　　　　　　　　　图2-10附图

图 2-11

要点：虚领顶劲，屈膝下沉，以膝盖不过脚尖为限。
功能：体会沉胯的感觉，形成动作记忆。

三、沉肩坠肘

动作：两脚分开直立，与肩同宽，两臂自然放松，置于身体两侧。起：先掌背向前，两腕领劲上抬，与肩等高；肩部弛念下沉，肘部微屈下坠；后两掌根下按至齐腰，复腕领上抬。如此反复10次（图2-12~图2-14、图2-13附图）。

图 2-12

图 2-13

图 2-13 附图

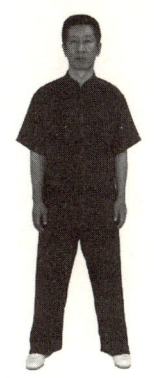
图 2-14

要点：肩部松沉，肘尖部下坠，意念在腕领劲。
功能：求得"梢节领劲"，肩、肘、手"三节分家"的感觉。

四、左右插脚

动作：两脚分开直立，与肩同宽，双手叉腰胯放松。起：松胯下沉，先左脚虚步，重心右移，左脚脚跟内侧贴地，向侧面铲出；后重心左移，右脚贴地回收至左脚边，成左实右虚步；再右脚脚跟内侧贴地，向侧面铲出，后左脚收回至右脚边。如此反复20次（图2-15~图2-22、图2-17附图）。

图 2-15

图 2-16

图 2-17

图 2-17 附图

图 2-18

图 2-19

图 2-20

图 2-21

图 2-22

要点：虚领顶劲，出脚膝盖保持微屈，勾脚尖。

功能：锻炼脚部、腰部力量，加强控制身体的重心虚实转换。

五、正反云手（开胯）

动作：两脚叉开马步桩，两手侧平举。正云手，起：两掌上顺下逆，一上一下，于胸前走立圆，重心同步左右转换，如云手状，如此反复20次（图2-23~图2-26）。反云手，起：两掌逆缠，一上一下，由外而内，由上而下，于胸前走立圆，重心同步左右转换。如此反复20次（图2-27、图2-28）。

图 2-23

图 2-24

图 2-25　　　　　　　　图 2-26

图 2-27　　　　　　　　图 2-28

要点：两掌各管半边，不可越中线；身形不可上下浮动。

功能：训练两手顺逆缠丝的交相运化，强化圆裆开胯。

六、"8"字缠丝

动作：右前左后马弓步，两臂屈置身前，右手高掌心侧上，左手低掌心向下在左膝外侧，瓦楞掌。起：左掌顺缠往上弧形运化至胸前 30 厘米处，同时右掌逆缠往下弧形运化至右腿 30 厘米处，掌心向下外，随即左掌逆缠似倾斜往下划弧至左膝外侧，其轨迹为"8"字；左手为主手，右手为辅手，左手8字旋转带动腰胯左右旋转，如此反复50~100次（图2-29~图2-36）。反之亦然。

图 2-29

图 2-30

图 2-31

图 2-32

图 2-33   图 2-34

图 2-35   图 2-36

要点：两掌的顺逆缠丝要做到位，腰胯的转动幅度不要过大。
功能：掌握顺逆缠丝的正确运化。

七、"川"字步

动作：两脚平行直立，双手叉腰，松腰沉胯。起：先直线迈左脚上一步，右脚直线跟半步；再，前脚迈，后脚跟。如此反复20次（图 2-37~图 2-39）。反之亦然。

图 2-37

图 2-38

图 2-39

要点：两脚始终保持平行，形似"川"字。

功能：掌握正确的太极直行步法。

八、内外扣步

内扣动作：两脚平行直立，两手叉腰，松腰沉胯。起：先右脚向前划弧脚尖内扣，身左转，重心趋左；再，左脚向前划弧脚尖内扣，身右转，重心趋右；左右反复（图2-40~图2-45）。

图 2-40

图 2-41

图 2-42

图 2-43

图 2-44

图 2-45

外摆动作：两脚平行直立，两手叉腰。起：先右脚向前划弧脚尖外摆，身右转，重心趋左；再，左脚向前划弧脚尖外摆，身左转，重心趋右，左右反复（图 2-46~图 2-50、图 2-50 附图）。

图 2-46

图 2-47

图 2-48

图 2-49

图 2-50　　　　　　　　　　图 2-50 附图

要点：注意重心的转换，身形不可前倾；胯、膝、脚"三节分家"。
功能：掌握"扣步"的脚法，以及两腿的虚实转换。

九、套步

动作：两脚平行直立，两手叉腰，松腰沉胯。起：先右脚向前跨步划弧内扣，身左转，重心趋右；再，右脚外撇，同时左脚向前跨步划弧内扣，身右转，重心趋左；左右反复（图 2-51～图 2-55）。

图 2-51　　　　　　　　　　图 2-52

图 2-53

图 2-54

图 2-55

要点：套步动作与内扣步同法，只是将步法放大，支撑腿下蹲。

功能：掌握"套步"的腿法。

十、禹步

禹步分为进步顺缠和退步逆缠两种。

进步顺缠动作：两脚分开直立与肩同宽，沉胯沉肩，坠肘松腕。起：先双手从小指开始，无名指、中指、食指、拇指依次往前顺缠，后松掌、腕回收，同时左右脚配合双手交替向前迈步，脚尖上勾，脚跟落地；如此连续往前 80~100 步（图 2-56~图 2-62）。

图 2-56

图 2-57

图 2-58

图 2-59

图 2-60

图 2-61

图 2-62

退步逆缠动作：两脚分开直立与肩同宽，沉胯沉肩，坠肘松腕。起：先双手从拇指开始，食指、中指、无名指、小指依次往前逆缠，后松掌、腕回收，同时左右脚配合双手交替向后退步，退步步型同"倒卷肱"拳势之退步；如此连续往后退步 80~100 步（图 2-63~ 图 2-68）。

图 2-63

图 2-64

图 2-65　　　　　　　　图 2-66

图 2-67　　　　　　　　图 2-68

要点：肘定位，转关在腕，手臂、腿注意三节分家，双手顺逆缠丝，十指要依序用劲；进步和退步，重心转换要稳固；进步时，区别于普通的"太极猫步"，两脚平行前行，落地要有"踩、踏"的内涵动作。

功能：强化双手顺逆缠丝的练习，以及与进、退步的协调性。

十一、闪步

动作：两脚平行直立，松腰沉胯。起：先左脚往左前45°迈出，右手自然顺缠至脸颊部；后右脚往右前45°迈出，左手自然顺缠至脸颊部。如此左右交替跨步，重心趋前，后脚虚跟步，两臂配合摆动，腿左臂右，腿右臂左，如此交替20次（图2-69~图2-72）。

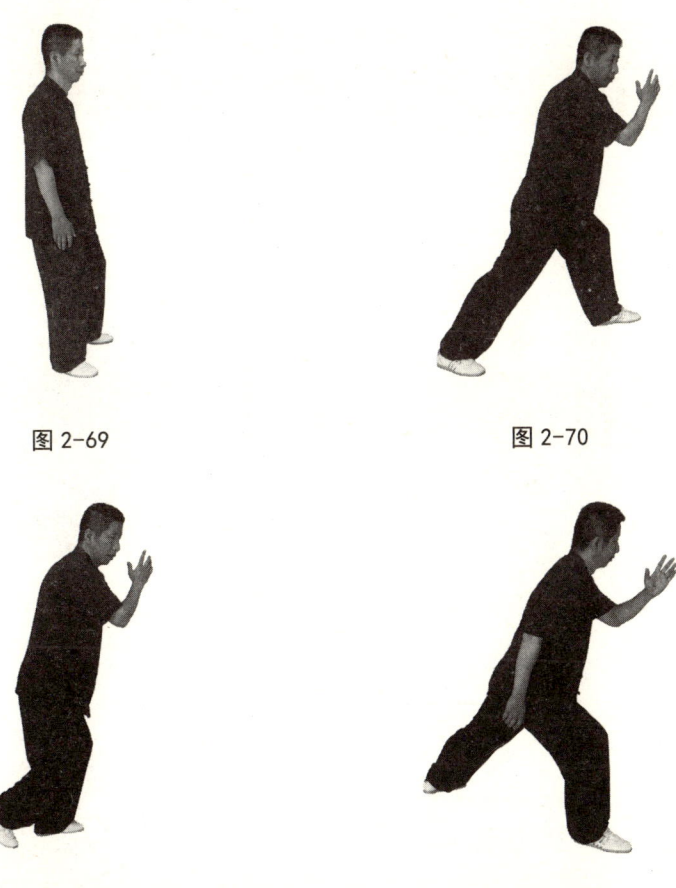

图2-69　　　　　　　　　　图2-70

图2-71　　　　　　　　　　图2-72

要点：转换重心要稳固。
功能：掌握太极闪展的基本步法。

十二、撤步

动作：两脚平行直立，松腰沉胯。起：先左脚往左 45° 横侧步，右脚顺势跟进，同时左手在前、右手在后由前往后顺势摆动；后继续 45° 左脚横侧步重复五步后，右脚往右 45° 横侧步，左脚顺势跟进，同时右手在前、左手在后由前往后顺势摆动；后继续右脚 45° 横侧步重复五步；如此反复运行 6 次（图 2-73~图 2-79）。

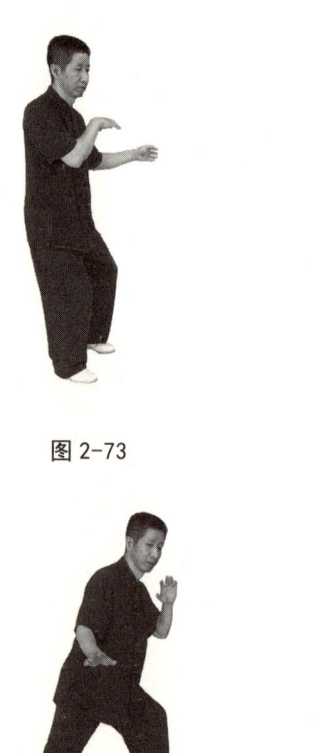

图 2-73

图 2-74

图 2-75

图 2-76

图 2-77

图 2-78

图 2-79

要点：出脚的方向是身体侧面，重心随之，后脚虚跟步。

功能：掌握太极闪展的基本步法。

十三、五行步

这是根据太极拳前进、后退、左顾、右盼、中定而为的步法。

动作：两脚平行直立，松腰沉胯。起：先左脚直线前行，右脚随之跟进（前进）；后右脚直线后退，左脚随之后退（后退），同时两手随着步法摆动；再左脚向左横侧步45°，右脚跟进，右手顺势摆动至脸颊处（左顾）；后右脚向右横侧步45°，左脚跟进，左手摆动至脸颊处（右盼）；再左脚向后45°小步退步，右脚随之后退至左脚处（中定）（图2-80~图2-90）。

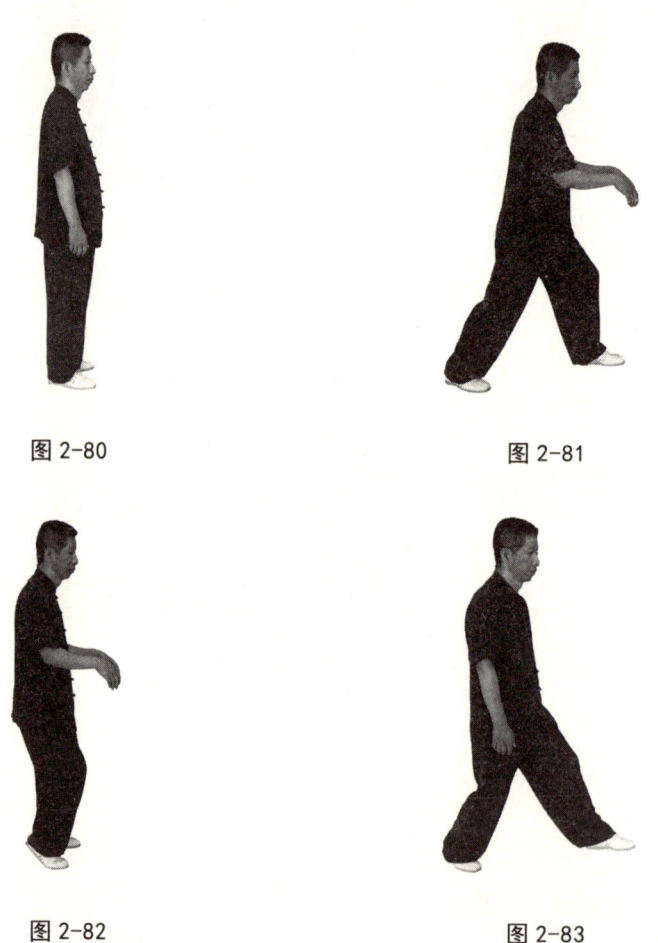

图2-80

图2-81

图2-82

图2-83

图 2-84

图 2-85

图 2-86

图 2-87

图 2-88

图 2-89

图 2-90

紧接右脚直线前行，左脚随之跟进（前进）；后左脚直线后退，右脚随之后退（后退），同时两手随着步法摆动；再右脚向左横侧步 45°，左脚跟进，左手顺势摆动至脸颊处（右顾）；后左脚向右横侧步 45°，右脚跟进，右手摆动至脸颊处（左盼）；再右脚向后 45° 小步退步，左脚随之后退至右脚处（中定）（图 2-91~图 2-100）。如此左右交替前行 10 次。

图 2-91

图 2-92

图 2-93

图 2-94

图 2-95

图 2-96

图 2-97

图 2-98

图 2-99　　　　　　　　　　图 2-100

要点：腰胯要松，保持步法的轻灵，以及节奏的匀调。
功能：掌握太极闪展腾挪的基本步法。

第三章
推手、打手训练

太极拳推手，讲得多，讲得普遍，而且满城尽是推手甲，打手则不尽然。其实，古无推手说法，只有打手之说。今笔者试图恢复打手说法，希冀还原打手本来面目。

第一节 概 述

推手，太极拳之推手，这是太极拳练习者绕不开的话题，是多年来议论、探讨较多的话题，也是各路名家高手喜欢舞文弄墨的话题，当然，笔者既然撰写太极拳，自然也融入其内。

推手技法，出自河南温县陈家沟，是陈氏第九世陈王廷在创编太极拳的基础上，创造的双人推手的方法。它解决了不用护具、服装、场地设备也能练习技击的方法，并且有效避免和减少了伤害事故的发生，可以说，这是划时代的创造！

推手之名，追根溯源，在清代乾隆年间称之为"打手"，含有短打、散打之意。古老的陈式太极拳，原把推手叫做"揢手"（揢，音 qia，或 jia）。《说文》中曰："揢，刮也。从手客声。一曰挞也。"挞，鞭挞的"挞"，即打也，所以，"揢手"即"打手"之意。

"打手"以"粘连黏随、不丢不顶、随曲就伸、引进落空"为原则，结合太极拳踢、打、跌、拿的技击方法，练习皮肤触觉和体内感觉的灵敏度。古有《打手歌》曰："掤捋挤按须认真，上下相随人难进。任他巨力来打我，牵动四两拨千斤。"高度概括了打手应有的状态。陈王廷的《拳经总歌》中头两句也说："纵放屈伸人莫知，诸靠缠绕我皆依。"这里的"诸靠"讲的就是两人手臂缠绕互靠的"打手"。尔后，多名太极拳大家根据各自的练拳体会撰写了太极拳及打手文章：王宗岳写出了《太极拳论》，修订了《打手歌》并增添了"引进落空合即出，粘黏连随不丢顶"后两句；武禹襄写出了《打手要言》及《四字秘诀》；李亦畬写出了《走架打手行功要言》《五字诀》《撒

第三章 推手、打手训练

放秘诀》。同时代的陈家沟陈鑫，也根据陈家太极拳历代积累，凝十二年心血写出巨作《太极拳图画讲义》（出版时名为《陈氏太极拳图说》），阐发了太极拳拳理拳论及打手要义，这些都成为近代以来练习太极拳打手（推手）的指导性拳理拳论。

由此我们可以看出，在李亦畬、陈鑫时代尚无"推手"一说，只有"打手"说法，而当初的"打手"是接近于"散手"实战的搏斗技艺，只不过在技击理念和方法方面与以往的拳术大有不同。但是，必须指出的是，"打手"不是"散手"，不是实战搏斗！它只是太极拳实战训练的方法和手段，是通往散手实战不需护具、不苛求场地并能避免或减少伤害的训练方法和手段。也就是说，只求技法、功法的熟练和运用，不追求胜负输赢。

既然最初将推手称之为打手、揭手，那又是何时将之称为"推手"的呢？其实源于杨式太极拳的盛行。大家知晓，当年杨露禅为适应王公贵族人士学练太极拳的需要，将陈式拳中一些高难度动作改动、改良，经杨露禅祖孙三代，尤其是杨澄甫的不懈努力，创编且定型了有别于陈式太极拳风格的杨式太极拳，并风靡全国。尔后，众多爱好者为有益于杨式太极拳习练，将有较强技击意识和搏斗技法的"打手""揭手"逐步改为较为和缓柔顺，主要训练"听劲""化劲"功夫的"打手"，但其"打手""揭手"较强烈的技击意味又不大符合现实，你推过来、我化而去的"听劲化劲"的内容。推来推去的外形很适合称之为"推手"，于是，"推手"名词渐次叫了起来。"推手"也显得温文尔雅，受到达官贵人、文化人士的欢迎，"推手"的称呼就成为通俗易懂、上下都接受且喜欢的名词了。至于"推手"是个人、是团体还是什么情况称呼起名的，则无从可考了。

近年来，推手在社会层面的表现和比赛的现状遭到许多行家里手的诟病，以身强力大或跤法取胜者比比皆是，这很是违背了太极拳推手"用意不用力""引进落空""四两拨千斤"等基本原则。因此，有人为规避推手的病态，将推手改名为"揉手"。已故杨式太极拳大家汪永泉在《杨式太极拳述真》一书中直言不讳说："为避免因用'推手'而产生猛推硬操之误解，故在此引用前人'揉手'之称谓。"而太极拳名家祝大彤干脆出书解惑，他在2011年出版《太极揉手解密》一书中说："'推'字太霸气，有争强斗狠之意；'推'字以力欺人，欠平和。'揉'字阴柔安静，动作和缓心平气和。""聪明的拳师以阴待阳,以静制动,绝对不先发制人,盛气凌人,也绝对不争强斗狠。"此说不无道理。如前所述,太极拳发源地陈家沟陈王廷、陈长兴们将双人缠绕练习太极拳技击的方法称作"揭手",而不是"推手"。陈式太极拳大家陈鑫更是在《揭手三十六病》中,明确列指"推"字为第十八病,"是以手推过"的病手。由此可见,"推手"一词在初始亦或在当今都不尽如人意,甚或大有抵触。不过,以"揉手"替代"推手"还有待观察、讨论。目前,太极拳技击训练的主流还是运用的"推手"说法。笔者以为,问题的关键不在于字词的运用,而在于这种训练方法的本质。应该说,不论是"揉手"还是"推手",我们都不应该违背或者脱离双人缠绕练习太极拳技击的基本原则和要求。

笔者在本书中采用"推手"一说。

第二节　一般要义

推手的形式,就是两人合步或顺步搭手,互相缠绕伸缩的弧形或转圈运动。它是以陈式太极拳"懒扎衣"技势,根据粘连黏随、不丢不顶、无过不及、随曲就伸的原则,练习皮肤的触觉和体内感觉的灵敏度,以探知对方劲力的距离、速度、大小、虚实。换言之,就是听劲化劲的训练。

推手的方式有多种,主要是定步和活步,各流派也有自己的推手方式,大同小异,但"其理一贯"。就陈式太极拳大架来说,"推手"形式有三种:单腕花、双腕花、合步推手。

打手的形式,也就是两人合步或顺步搭手,互相缠绕伸缩的弧形或转圈运动。但要在推手听劲化劲基础上,练习"十三势"技法,发挥"引进落空""借力打力""四两拨千斤"的技巧,掤、打、跌、拿于人。需要指出的是,陈家沟陈鑫阐发的螺旋缠绕的"缠丝劲"和"内劲"贯串的作用,以及陈发科、陈照奎所展现的"缠丝劲"和"内劲"的技势技法,不仅使我们看到了"打手"的本来面目,而且使我们感到"打手"的"即化即打""引进落空""四两拨千斤"成为可能。

"打手"的形式有四种,即顺步推手、四正推手、大捋推手、乱踩花。

第三节　推手—打手

当今太极拳界，民间推手随处可见，早晨你走到城市任何一个公园或广场，都可见到三五成群的太极拳爱好者在推手，也会间或看到友好比试的推手。这已经是一项群众喜闻乐见、怡情养性的健身运动。而近年来，中国武术协会包括各地区武术协会或一些媒体组织的推手，则纯粹是比赛性质了。但这类比赛性质的推手出现了诸如僵持顶牛、搂抱抓服，如摔跤、满场跑等乱象、怪相，完全没有想象中的太极拳推手"八法"的运用以及借力打力、四两拨千斤状态的出现，既缺乏生动性又没有观赏性，受到多方一致的指责和批评。

如前所叙，推手，原本是传统太极拳中训练听劲和化劲的技术环节，20世纪80-90年代为了向现代体育竞技比赛转型，太极拳听劲化劲环节被发展成对抗型竞赛项目了。1994年经国家体委审定颁布了《武术太极推手竞赛规则》，力图促使太极推手向规范化、科学化方向发展。但是，20多年间太极推手运动的发展不尽如人意，老问题、老现象仍然存在。热衷人士对太极推手议论纷纷，有的说规则设计问题，有的说参赛选手水平问题，有的说指导路线有问题，林林总总，莫衷一是。说来说去，目前，太极推手运动停滞不前，无实质性突破是不争的事实。

笔者行走太极拳界50年，青壮年时期也曾走南闯北，走西赴东与各路太极推手人士交流、切磋，听到、看到、见到、碰到、参与太极推手亦无数（只是没参加也不愿意参加任何正式比赛），感触颇多，愿与大家分享：

第一，太极拳套路容易练习，太极拳推手不易学练。太极拳套路于当代可以跟着视频学练，甚至无师自通。推手就不是这样了，它必须两人以上互练，还得有老师手把手教习，因此比较难练。

第二，推手一般需要配合，不配合或配合不好的无法推手，起码推得不顺、不舒服。推手是两人手臂互相缠绕伸缩的弧形或转圈运动，一伸一缩之间就有个主动推和被动推的问题，推与被推轮换交替周而复始。既然是推，就得有劲或有力，如果双方接触点的劲或力相抵触、呆滞僵持，这就产生了"顶",俗称"顶牛",这是"双重"之病,是推手一大忌。要克服顶牛,唯双方配合,就是一方主动推,另一方顺势被推。推到尽头转化为另一方主动推,一方顺势被推。这样的配合师徒之间、同门之间比较相宜。

推手虽然是划圈打轮,但各流派的划圈打轮对手肘及脚步的要求不尽相同。即使是同一流派,其划圈打轮也不尽相同。师徒之间或同门之间你推得很顺,与其他流派或同派不同门推手往往不顺不舒服,难以推出无缝无隙不丢不顶的感觉。这是因为长期在同门内推手,与师父和同门师兄弟练习多年,已经很融洽默契,习惯成自然且相对成为固定模式,如果再与非本门人士或不相识者推手,常常会觉得很别扭,推不出自家的感觉,所以,推手是需要配合的,那种认为什么人都能推,什么人都能推得好、推得过的人几乎不存在。

第三,本力大者或身体强壮者占优势。在一般推手人士心脑中,总认为练习太极推手者,弱小胜强壮、力小胜力大毫无问题,因为《太极拳论》中说的呀!"斯技旁门甚多,虽势有区别,概不外壮欺弱,慢让快耳;有力打无力,手慢让手快,是皆先天自然之能,非关学力而有也。'察四两拨千斤之句',显非力胜。"笔者于青壮年时期也曾经认为,学练了太极拳推手就不在乎力大之人或身体强壮者了。

其实不然,王宗岳当然说得没错,应该是我们理解错了!是我们这类推手者认识上的一大误区。笔者的阅历经历得知,王宗岳在这里说的是"散手",是徒手搏斗,而不是"推手"!虽然《太极拳论》对推手有指导作用,但王宗岳的《太极拳论》主要是针对"散手"而言。

就推手来说,与比自己力大或强壮者推手,推手水平高于你者,对方有绝对优势;推手水平相当者,对方占有优势;推手水平低于你者,你未必有优势或优势不明显。散手则不同,我们将在后续阐述。

第四,学练过摔跤者占优势。情况与上述同样,与学练过摔跤者推手,推手水平高于你者,对方优势明显;推手水平相当者,对方占有优势;推手水平低于你者,你未必有优势或优势不明显。因此,产生了一个怪象,有一些学练过摔跤但没学过太极拳和推手的人,临时找人学了几天划圈打轮,就可上场比赛,还屡屡取胜。

就目前全国各类太极拳推手比赛情况看,有人分析存在三种状况。一是根据河南省制定的《太极拳推手比赛规则》,可推可摔,但不能击打、擒拿。

推出圈外或摔倒都能得分,推崇手脚并用,胜负易判。二是根据国家制定的《太极拳推手比赛规则》,不能击打擒拿,不能用腿别摔。只能推出圈外或倒地才能得分,强调手的作用,胜负了然。三是根据浙江省台州市制定的《太极拳推手比赛规则》,不能击打擒拿,不能用腿别摔,只能控制或顺势借力得优势"分",虽然有圈限制,但出圈不失分也不得分,突出手的作用。胜负看门道,对裁判员水平要求高。三种状况中,第一种因可用腿别摔,对会摔跤者非常有利,场面近乎摔跤比赛。第二种因只可用手,对本力大体格强壮者有利,故"顶牛"过甚。第三种主张推出圈外不得分不失分,"顶牛"现象最少,讲究太极劲增多。

从以上分析以及观看无数次太极推手比赛,目前的太极拳推手,顶牛、摔跤是普遍现象,着实悲哀!

笔者虽没参加过正式推手比赛,然,民间推手经常有之,遇到的对手五花八门,总体感觉有二:一是推手容易切磋交流,打手较难切磋交流,散手难以甚或无法切磋交流;二是拼死力的、运用摔跤技法的居多。笔者之对策:一是事先约定,定步还是动步,动步只能动几步(一般约定动两步);二是示弱在先,不去占优,随他劲力而去,不失势;三是瞅准机会对准破绽,将其制服。某年早晨,拳场来了位爱好者,身高壮实,膀大腰圆,学过摔跤练过几天推手。按照约定,可以适当动腿脚(打手)。双方搭手,对方凭借身大力大,频频使用诸如泼脚、弹踢、背摔等摔跤技法,我舍己从人,粘连黏随,致使对方有劲难用,有技难施,空耗体能,数分钟下来,他已累得气喘吁吁。在他右脚用泼脚技法打我左腿时,我随即左腿抬起,他腿打空,我瞅准时机左脚插进他左腿处,轻轻一拨,他即向我左方倒地。

就以上情况,我们似乎看不到推手的出路。推手既不能凭本力强壮,又不是摔跤,那么,推手到底是什么?推什么?

推手,是太极拳运动体系中的一种训练方法,是双方练习听劲、化劲的训练手段。同时,推手在听劲、化劲基础上,对套路中的招术由浅入深地适当训练,并逐步进入"打手"阶段。而现在的推手是将对方当"敌人"看,以推到、摔倒、推出圈外为胜利,这就违背了推手的要求和初衷了。因此,不论从推手运动20多年发展的情况看,还是从推手的初衷和要求看,推手只是训练方法和手段,应该说,推手不适宜比赛。

针对推手比赛乱象，有人将太极拳推手比赛改为"太极拳比手"比赛。河南温县太极拳年会就曾尝试，设置"太极拳比手赛"。一个"比"字，就不是推手了，是以打倒别人而分出胜负的。但是"比手"的称谓和内涵也不适宜，随后也不再使用。不久，又有人使用"断手"的名称以示区别。

　　何谓"断手"？有人解释："断手"是推手走向散手的过渡阶段的练习。它具有散手的某些特性，如撞击、搂抱摔等，但没有散手那样的展开，对头面等部位的攻击点到为止。同时，具有推手的某些特征，如化劲听劲、劲路互控、掷放等。断手不必不丢不顶，有时特意丢顶造成对方不适，趁此时机，或击或摔或发劲而用之。

　　笔者以为，"断手"一词似乎与太极拳本义不搭嘎，一个"断"字，也将太极拳粘连黏随、不丢不顶的基本要义给"断"开了，而"断手"的称呼也似乎不可考。与其如此，还不如恢复初期称呼——"打手"。

　　"打手"是近乎太极拳散手的徒手对抗训练最早的称呼，是走向散手实战的必要途径。它具有散手的多重特性，掤、打、跌、拿顺势运用，但没有散手那样的闪展腾挪，对敏感部位的攻击点到即止。它的指导思想和技法要求已经体现在"打手歌"中了。如果结合前述三家"太极拳推手比赛规则"并适当作些修改补充，将推手比赛改为"打手比赛"，应该契合上下期望和目前所谓"推手比赛"的实际。

　　这样，推手—打手—散手，太极拳技击的三个阶段或层次既清晰明了，也回归了太极拳技击的初心和本义。

　　推手是什么？推手是一种太极拳技击的训练方法或手段。推手推什么？推手，一推不丢不顶、粘连黏随；二推化劲听劲；三推劲路控制。换句话说，这是推手的内容。笔者认为，推手的最高境界是劲路控制，也就是说，不管对方采用何种方法，只要对方劲路出现，我即"听"到或"敷"或"吞"，致使对方有法不好使，有劲发不出。

　　打手是什么？打手也是一种太极拳技击的训练方法或手段，只不过它更接近太极散手。打手怎么打？一打推手内容，就是推手中训练的内容统统加以训练。二打十三势，就是将掤、捋、挤、按、采、挒、肘、靠、前进、后退、左顾、右盼、中定十三势的技法技势训练，融会贯通，做到搭手即有招术，近身亦有招术。搭手引其近身，受而制之，制而摧之；以身受其手，使对方一手或两手置于无用之地，而我之手尽可灵活变化，远近不惧，能蓄能发，能柔能刚。三打套路中拳势招术的拆解、掰开、揉碎，反复试手训练，以致烂熟于心、烂熟于手的熟练程度，为散手打下良好基础。

推手听化劲，打手练熟技，散手是目的。不同阶段不同要求，不同人士不同追求。

我们不能只推手，不打手，打手更能体现太极拳的精妙。若停留在推手阶段，散手则手忙脚乱，太极拳技击毫无希望！

因此，打手训练应该成为追求太极拳技击的重要、重点环节。笔者继承师传及自己体悟，将陈式太极拳大架（83式）整理总结、归纳提炼，删除重复技势和招术，确定为54技式150余招术。近几年，笔者带领弟子和部分学生进行了推手听化劲训练，更是带领弟子进行打手训练，将招术反复练习，促其招熟，成效良好。以往他们与人切磋交流连推手都没底的，练了打手后，不仅打手不怵，推手胆量陡增，并有了一定的散手心理和基础。笔者将打手的技势招术于太极拳网直播，受到了欢迎和肯定。

第四节　推手训练

推手是要训练的，那种随意推推是推不出名堂的。如上所述，本人将推手分为"推手"和"打手"两类。推手的训练有三种，即：

单腕花

双腕花

合步推手

注：本节深色衣者为我方，浅色衣者为对方。

一、单腕花

单腕花，也叫单推手。

动作：双方相对站立，以双方手臂握拳向前平举，拳面相触处为准（下同），双方右（左）脚前迈成弓步，同时右（左）手顺缠互粘搭手腕处，左（右）手轻叉腰际（图3-1）。我方顺缠走右（左）小弧以中指向对方颈部刺去（图3-2）。对方手粘黏掤劲不丢，顺劲重心沉胯后移，待我方掌指接近对方颈部时，对方腰胯右（左）旋，同时，右（左）手顺缠微微下压（图3-3），走右（左）弧向我方颈部刺来（图3-4）。我方重复对方状，如此周而复始练习。

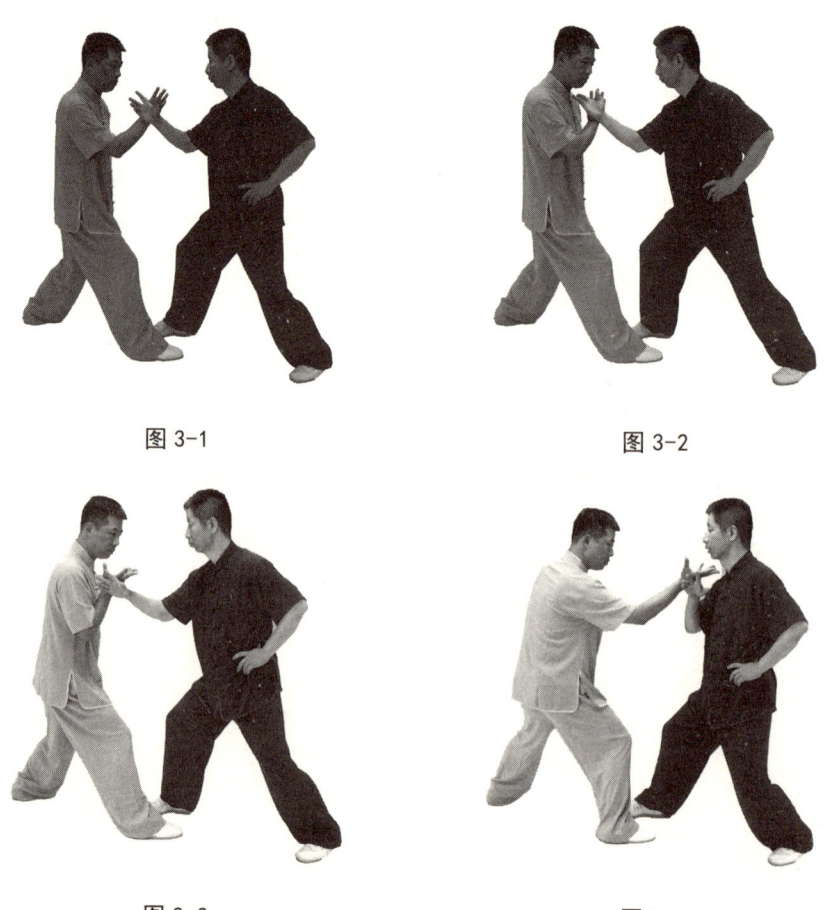

图3-1　　　　　　　　　　图3-2

图3-3　　　　　　　　　　图3-4

要点：搭手粘住要沉肩坠肘；对方顺缠刺过来时，我手掌不能下翻，掌心朝下，而要保持斜立。

功能：松腰沉胯，沉肩坠肘。

二、双腕花

双腕花，也叫双推手，顾名思义，双手互相缠绕，但又不是推手的划圈打轮。

1. 内缠

动作：双方双手搭手，我方双手前臂内粘对方前臂内侧，两手掌贴近对方前臂，先逆后顺，由内向外再向下向内进而往上缠绕对方前臂至初。对方随着我之缠绕，顺劲顺势跟随（图 3-5~ 图 3-10），如此周而复始。这是我先双手主动缠绕，反之亦然，双方应同等量化训练。

图 3-5

图 3-6

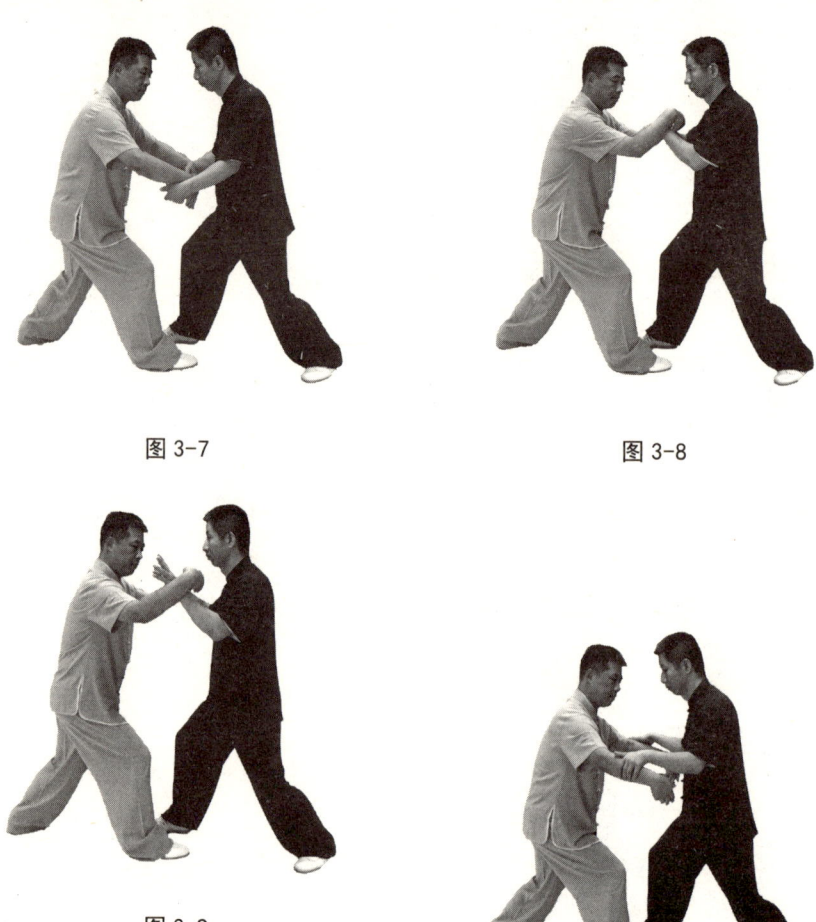

图 3-7

图 3-8

图 3-9

图 3-10

要点：手臂缠绕上臂不可有劲有力，主要是前臂和手掌运动。

功能：梢节领劲，三节分家。

2. 外缠

动作：双方双手搭手，我双手前臂外粘对方前臂外，两手掌贴近对方前臂，手掌朝内，先逆后顺，由外向内向下再向外往上缠绕对方前臂至初。对方随着我之缠绕，顺劲顺势跟随（图 3-11～图 3-16），如此周而复始。

图 3-11

图 3-12

图 3-13

图 3-14

图 3-15

图 3-16

要点：手臂缠绕上臂不可有劲有力，主要是前臂和手掌运动。
功能：梢节领劲，三节分家。

三、合步推手

合步推手，是社会上最普遍、最普及的推手，也是我们常说的划划圈打打轮，摸手、搭手、试手。推手蕴含太极拳的四正手即掤、捋、挤、按，但绝大多数人并不知晓。合步推手的基本要求和站姿众所周知，故不赘述，笔者主要阐述何谓掤、捋、挤、按。

动作：双方成右搭手式为掤住（图3-17），我左手顺缠右手逆缠向我右边捋去，为"捋"（图3-18）；对方感知即将被捋走，随即顺势右手掤住，左手掌滑动至右手肘窝附近，重心前移向我挤来，为"挤"（我捋彼挤）；我感知对方挤过来，随即我身形左转，双手逆缠伏按挤之手臂向下向前按去，为"按"（我按彼掤）（图3-19）；对方感知按劲，随之身形右转，左手顺缠向前上掤起，右手先逆后顺搭粘对方左肘，化解按劲而成为左搭手式（图3-20），一圈半个周期完成。接着继续打轮划圈，只是反向对方先"捋"而行，随之我"挤"，对方施"按"，我则以"掤"化之，回到原点（图3-17），两圈一个周期，完成双方的掤、捋、挤、按。也可以这么说：逢掤即捋；

图3-17（掤）

图3-18（捋挤）

图 3-19（按掤） 图 3-20

逢将即挤；逢挤即按；逢按即掤。或曰：彼掤我将；我将彼挤；彼挤我按；我按彼掤。周而复始，划圈打轮。"掤将挤按须认真"也！

要点：手不离肘，肘不离手。

功能：粘连黏随，不丢不顶。

第五节　打手训练

因陈式太极拳的推手原本就称"打手"，而陈式的打手从动步的一进一退开始，故，笔者将动步的四种形式推手复归于"打手"。动作的四种形式即：

顺步打手　四正打手　大将　乱踩花

注：本节深色衣者为我方，浅色衣者为对方。

一、顺步打手

顺步打手，也称上下步打手或一进一退打手。

动作：双方站立搭手，对方右（左）足向前一步，我则左（右）足向前一步在对方足之内侧（图 3-21）。这样的姿态便于双方互管上肢，下肢前足也可以互管，上管肢体，下管腿足，体现着"打手"的特征。在划圈打轮过程中（同推手），对方乘势顺缠拿我右手腕，左手拿我右肘，欲两手合力擒拿我右手肘（图3-22）；我右手掌梢节领劲逆缠前伸，顺势身体下沉往前欲挤靠（图3-23）；对方感知我挤靠，随即顺势将采我右臂（图3-24）；我感知对方将采，随即顺势沉肩坠肘，右手梢节领劲勾手上提化解（图3-23~图3-26），同时我右腿提起退步形成左弓步，对方右腿提起跟进（图3-27），右脚落于我左脚内侧，形成右弓步，双方顺势打轮形成搭手状（图3-28）。再划圈打轮，我乘势擒拿对方……重复对方之动作。如此一上一下、一进一退，你来我往上下肢反复练习。

图 3-21

图 3-22

图 3-23

图 3-24

第三章 推手、打手训练

图 3-25

图 3-26

图 3-27

图 3-28

　　顺步打手，拿、跌、打、掷放（发劲）兼施并用，乘势多变。拿法原来以抓筋、拿脉、反关节为主，但容易受伤。为避免之，如今是拿劲路为主，拿成我顺人背的得机得势即止。陈发科、陈照奎父子功夫纯正纯粹，举手投足之间柔和、圆转、轻灵地控制对方劲路或致对方失势跌扑，或发放丈外，使人拍案叫绝。

　　要点：立身中正，上下一线。

　　功能：沉肩坠肘，梢节领劲。

二、四正打手

所谓"四正",是指四个方位,即东、南、西、北。主要练习步法,上肢划圈打轮,下肢四个方位转走。

动作1:双方直立站好,我背南对方背北,两腿与肩宽搭手(图3-29);开始先往我右边打轮,我将采对方左臂,同时右脚后退往东南撤步;对方顺势右臂逆缠前伸挤靠,同时进右步于我左脚内侧(图3-30);接续打轮,我左脚往西南横撤化解,对方左脚往东南进大步(图3-31、图3-31附图);我右脚往东小步挪动,随之往西撇脚,脚尖往东,左脚随之跟上与右脚平行,背向西;对方同时右脚往东回撤,脚尖往西,左脚随之跟上与右脚平行,背向东,成我背西对方背东状(图3-32、图3-33、图3-32附图、图3-33附图)。

图 3-29

图 3-30

图 3-31

图 3-31 附图

图 3-32

图 3-32 附图

图 3-33

图 3-33 附图

动作 2：接续向我右边打轮，我将采对方右臂，同时右脚后退往东北撤步；对方顺势右臂逆缠前伸挤靠，同时进右步于我方左脚内侧（图 3-34）；我方左脚往东南横撤化解，对方左脚往东北进大步（图 3-35）；我方左脚往南小步挪动，右脚随之往南撤脚，脚尖往北，左脚随之跟上与右脚平行，背向南；对方同时右脚往北回撤，脚尖往南，左脚随之跟上与右脚平行，背向北，成我背北对方背南状（图 3-36、图 3-37）。

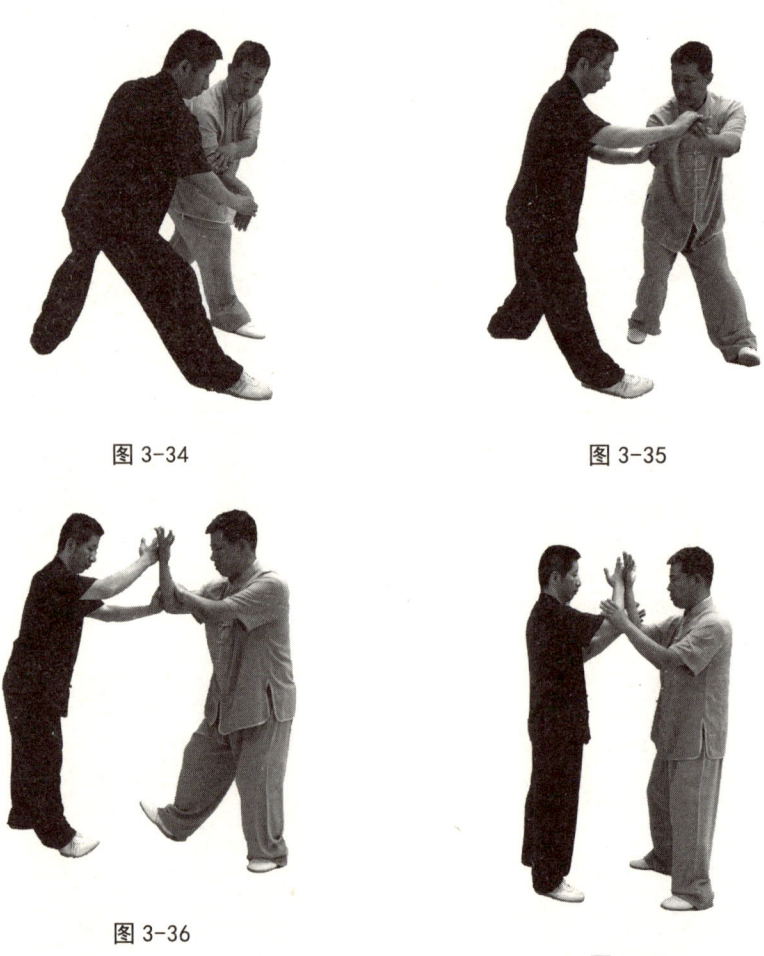

图 3-34　　　　　　　　　图 3-35

图 3-36　　　　　　　　　图 3-37

动作 3：接续往我左边打轮，对方将采我方右臂，同时右脚后退往西北撤步；我方顺势右臂逆缠前伸挤靠，同时进右步于对方左脚内侧（图 3-38）；

对方左脚往东南横撤化解，我方左脚往西北进大步（图3-39）；对方右脚往东小步挪动，左脚随之往南撤脚，脚尖往西，右脚随之更上与左脚平行，背向东（图3-40、图3-40附图）；我方同时右脚往西回撤，脚尖向东，左脚随之跟上与右脚平行，背向西，成我背东对方背西状（图3-41、图3-41附图）。

图3-38

图3-39

图3-40

图3-40附图

图 3-41

图 3-41 附图

动作4：接续向我右边打轮，我方捋采对方右臂，同时右脚后退往西南撤步；对方顺势右臂逆缠前伸挤靠，同时进右步于我方左脚内侧（图3-42）；我方左脚往东北横撤化解，对方左脚往西南进大步（图3-43）；我方右脚往东小步挪动，随之右脚往北撤脚，脚尖向南，左脚随之跟上与右脚平行，背向北；对方同时右脚往南回撤，脚尖向北，左脚随之跟上与右脚平行，背向南成对方背南我背北状（图3-44、图3-45）。

至此，四个方位"四正"打手完成。

图 3-42

图 3-43

图 3-44

图 3-45

要点：上肢缠绕不停，下肢步法协调。捋采手势轻灵，逆顺上步挤靠。
功能：上下相随，周身一家。

三、大捋

大捋是在四正的基础上，主要练习"捋"和"靠"，因其动作幅度较大，又称"大捋"和"大靠"。

动作：双方相对站立搭手划圈打轮，对方捋采我方右手臂，同时，右腿大步后撤（图 3-46）；我顺势右臂逆缠前伸挤靠，同时右脚大步进于对方左脚内侧（图 3-47、图 3-48）；随即左脚跟上右转身360°，与对方同面向（图 3-49）；随即，我捋采对方右手臂，右腿大步后撤；对方顺势右臂逆缠前伸挤靠，同时右脚大步进于对方左脚内侧（图 3-50~图 3-53），随即左脚跟上右转身360°，与我同面向（图 3-54、图 3-55）。如此反复，先走直线，再走"四正"，尔后"四隅"。

图 3-46

图 3-47

图 3-48

图 3-49

图 3-50

图 3-51

图 3-52 　　　　　　　　　　　图 3-53

图 3-54 　　　　　　　　　　　图 3-55

要点：捋采劲轻灵且充足到位，挤靠劲顺势得当；步幅较大且架势较低。
功能：充分体会捋劲、靠劲，适度锻炼腰胯、腿脚耐力和幅度。

四、乱踩花

乱踩花，是在顺步打手、四正手、大捋基础上进一步训练并接近太极拳散手的方法，它是形容太极拳散手时的一种移动状态。如在花草丛中之散手，比武双方身形转动，上下相随，周身一家，灵动而沉稳，既不受"规则"

限制，且有章可循。比武结束后低头来看，哇塞！脚下植物被踩得一片散乱，但乱中有序，序中有道。由于突出步法，讲究步到、身到、手到、劲到，因此叫"乱踩花"。

大捋熟练之后，其实乱踩花也应运而生。运走时上肢划圈打轮不断，下肢步法不限步数，主要是步法的变化和移动。大捋时，我们还讲究方向方位，乱踩花就不受此限制，任何方向方位都可以移动。前进后退，四面八方随心引动。只要大捋纯熟，则乱踩花顺势形成，故不再予以图片展示了。

需要指出的是，乱踩花不是散手，它只是太极拳推手、打手技艺进展到一定阶段，近乎于散手且在移动中运用太极"十三势"进行双方比试的训练方式和手段，也可以说是"打手"的最高阶段，接下来就应该是"散手"了。

要点：乱中有序，序中有道；不急不躁，沉稳移动。

功能：步法、身法、手法、劲路一气呵成。

第六节　招术训练

推手、打手是检验拳架正确与否，体察彼此劲路，练习技势招术的训练手段。通过推手、打手训练，招熟、懂劲渐次上身，散手训练随之展开，尔后神明向你频频招手矣！

八字缠手	左右压肘
仙姑盘肘	手掌翻压
黑熊靠山	混沌初开
折拿虎尾	二郎舍肘
白马翻蹄	左拨右搓
推窗望月	关公取项
倦鹤轻舒	叶底采肘
迎门肘	

注：本节浅色衣者为我方，深色衣者为对方。

一、八字缠手

此为基本功"八字缠丝"招术之一。

合步推手：对方试图推按我手臂，我顺势右前臂粘住对方左前臂，顺缠向斜上方搓去；对方被搓身形倾斜，我右手忽然逆缠坐腕粘住对方左肘，往我右下斜采（图3-56~图3-60、图3-59附图）。

图3-56

图3-57

图3-58

图3-59

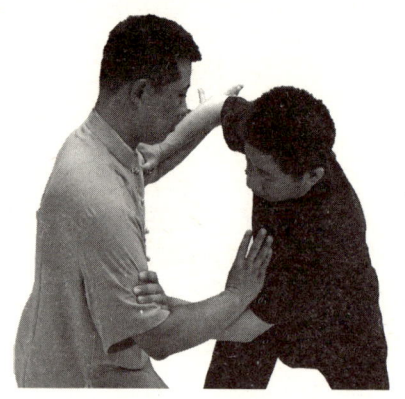

图 3-59 附图

图 3-60

二、仙姑盘肘

此为第一式"起势"招术之一。

合步推手,划圈打轮。当对方向我按推时,我缠绕其右手腕臂,右手顺缠粘下,左手逆缠粘内,身形左旋,同时右手由下至上将其肩臂扣住,左手腕在内粘住对方右手腕,沉腰转胯,两手合劲向右划圆平推,将对方"挒"出(图 3-61~图 3-65)。

图 3-61

图 3-62

第三章　推手、打手训练

图 3-63 　　　　　　　　　图 3-64

图 3-65

三、黑熊靠山

此为第三式"懒扎衣"招术之一。

合步推手，划圈打轮，彼按我挤，上掤引化。对方双手突抓我右前臂，恃力按推。我右腕顺缠转关下沉，化其来脉，引进致其落空。适逢其时，我旋跨右步插裆，近身右肩靠击（图3-66~图3-69）。

69

图 3-66　　　　　　　图 3-67

图 3-68　　　　　　　图 3-69

四、折拿虎尾

此为第四式"六封四闭"招术之一。

合步推手。遇对方抓我右掌，欲绞臂锁拿；我梢节领劲肘定位，三节分家折腕转圜回抽，对方必被牵动引进，致对方掌背面向我方，同时我方左手迎上，与右手合握夹击，左手大拇指点按其"中白穴"附近，合劲反拿致对方疼痛难忍前跌（图3-70～图3-75）。

第三章 推手、打手训练

图 3-70

图 3-71

图 3-72

图 3-73

图 3-74

图 3-74 附图

图 3-75

五、白马翻蹄

此为第五式"单鞭"招术之一。

合步推手,划圈打轮。对方双手突抓我右前臂,恃力推按。我沉胯微右转,双手顺缠,左进右撤相搓,稍挫其锐,左手顺势反勾其左腕下挂使我右手得脱,旋向右划弧凸腕击其左面颊(图 3-76~图 3-80、图 3-79 附图)。

图 3-76

图 3-77

图 3-78

图 3-79

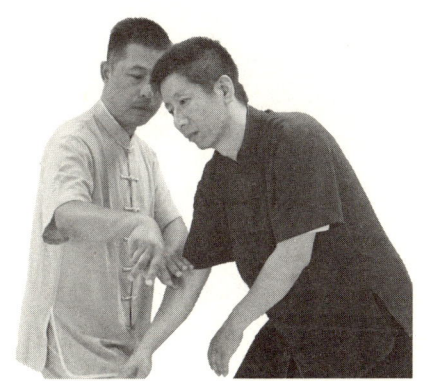

图 3-79 附图

图 3-80

六、推窗望月

此为第七式"白鹅亮翅"招术之一。

合步推手,划圈打轮。对方恃力下按我右臂至胸,我含胸微左转引其来劲,倏肘定位,沉胯,以右腕粘其右臂逆缠向右划弧,左手轻附其右肘,将对方送出(图 3-81~图 3-85、图 3-85 附图)。

图 3-81

图 3-82

图 3-83

图 3-84

图 3-85

图 3-85 附图

七、倦鹤轻舒

此为第十七式"披身捶"招术之一。

合步推手,划圈打轮。对方突双按我上臂,强推进逼;我沉腰松胯,右掌粘其左肘向内裹缠,同时左掌上托其右肘,将其旋转抛出(图3-86~图3-91)。

图 3-86

图 3-87

图 3-88

图 3-89

图 3-90

图 3-91

八、迎门肘

此为第十九式"青龙出水"招术之一。

合步推手,划圈打轮。我按彼挤,我顺势左腕勾搭其右臂下挂引跌,右逆缠拳收于胸前,顺缠折臂出肘;趁其跌进未稳,我上右步,转劲至肘,沉胯合劲,砸击其胸(图 3-92~图 3-95、图 3-93 附图)。

图 3-92

图 3-93

图 3-93 附图

图 3-94

图 3-95

九、左右压肘

此为第二十四式"退步压肘"招术之一。

"左右压肘"分左压肘和右压肘,招术、劲路相同。合步推手,划圈打轮。我掤彼按,只要对方手掌搭、按、抓我肘,我即扣锁其搭肘之手,手领顺缠,引肘先压,再划弧下走,折拿其腕,将其擒制。

图示为右压肘(图 3-96~图 3-100)。

图 3-96

图 3-97

图 3-98

图 3-99

图 3-100

十、手掌翻压

此为第二十四式"退步压肘"招术之一。

合步推手，划圈打轮。至双掤上举，对方突翻腕折拿我右掌；我梢节稍领劲引走下弧，左手迎上与右掌合锁其"爪"，胸腰折叠走内弧，手合劲翻掌滚压，折拿其腕，将其擒制（图3-101~图3-107）。

图3-101

图3-102

图3-103

图3-104

图 3-105　　　　　　　　　图 3-106

图 3-107

十一、混沌初开

此为第三十二式"云手"招术之一。

合步推手，划圈打轮。御之掤按，我右掌迁插至对方左颈根部，左掌黏压其右臂，向我左下侧合劲切压致跌。左右皆可，图示为右（图 3-108~图 3-111）。

图 3-108

图 3-109

图 3-110

图 3-111

十二、二郎舍肘

此为第三十二式"云手"招术之一。

合步推手,划圈打轮。对方借挤掤之际拿我右腕肘,欲施"斗骨接榫"制我;我舍肘避其实,手腕梢节领劲,三节分家,坐腕推按其前胸击其虚,轻松化解(图 3-112~图 3-117、图 3-115 附图、图 3-116 附图)。

图 3-112

图 3-113

图 3-114

图 3-115

图 3-115 附图

图 3-116

图 3-116 附图

图 3-117

十三、左拨右搓

此为第三十八式"上三步"招术之一。

合步推手,划圈打轮。对方恃力扑按我两臂;我右前臂走外圈粘其左前臂,顺缠向斜上方强搓;同时,左前臂走内圈粘其右前臂,向左轻拨,刚柔相济,致对方跌出(图 3-118~图 3-121)。

图 3-118

图 3-119

图 3-120　　　　　　　　　　　图 3-121

十四、关公取项

此为第三十八式"上三步"招术之一。

合步推手，划圈打轮。彼乘由掤转按之际，向我倾力扑按；我沉胯稳住重心，顺势顺缠右拳，拳面向上，走内圈插贴彼左颈根，右腕逆缠向左下粘压，同时左前臂也走内圈粘其右前臂，向左轻拨，刚柔相济，致对方跌出（图3-122~图3-125）。

图 3-122　　　　　　　　　　　图 3-123

图 3-124

图 3-125

十五、叶底采肘

此为第四十一式"护心捶"招术之一。

合步推手,划圈打轮。对方恃力推按;我松胯左转成内"挒"之势;若彼察觉,屈肘相抗,我即变招:右手虚领脱肘顺抹变拳,以腕臂粘其上臂或肩胛处,同时左手同向外拧,贴身上右步,上下合劲,向前向下顺缠碾压,致其仰跌(图 3-126~图 3-131)。

图 3-126

图 3-127

图 3-128

图 3-129

图 3-130

图 3-131

第四章
接手训练

接手，是任何搏击、格斗技艺的第一环节，太极拳也不例外。太极拳的接手是太极散手的第一环节，接手的好坏严重关系胜负，也就是说，接手质量往往决定散手的成败。重视接手，重视接手训练是我们练习散手的重要环节和因素。

第一节 概　述

无论何种拳术,作为格斗或搏击的技艺,都必须经过接手训练方可致用，太极拳亦不能免此而另求近途。

人们常说，好的开始是事情成功的一半，同理，好的接手是太极拳散手取得胜利的一半！事半功倍！（关于"接手"笔者于2007年撰文《太极拳之"接手"》，发表于《少林与太极》杂志2007年第11期）

但是，每每我们见到一些自认为太极拳推手很好的人，一旦与人散手，立刻手忙脚乱，不知所措，究其原因，是因为没有经过"接手"训练。众所周知，太极拳散手的基础是推手和打手，是故，学练接手之前，一定要经过"合步""顺步""四正""大捋"和"乱踩花"推手、打手的严格训练，并能发出松活弹抖之整劲。有了这样的基础，方可进入"接手"训练。

太极拳的接手，不同于其他拳术或搏斗类型的接手。在其他搏击中，一般是你攻我防，格挡招架，进退躲闪，主要是力量、速度、灵敏度的比拼。而太极拳的接手却不是简单的招架躲闪，从理念上说，太极拳接手包含着阴阳五行、刚柔相济、引进落空等丰富的辩证内容；从外形上说，太极拳的接手包含梢节领劲，顺逆缠丝，单手双手，捋、采、裹、抹等丰富的手法内容。

必须指出的是,松沉是学习太极拳各项技法的关键,对于接手也是一样，先要让自己保持松沉的状态，才可"手领神会"

有这么一说：太极拳接手分为"硬接手"和"软接手"。

所谓"硬接手",即用刚劲来接对方的刚劲。但太极拳的刚,乃是一种沉劲,非硬劲;硬接手非硬顶硬撞,而是以柔软为基础的坚刚,刚中有柔,柔中寓刚。

所谓"软接手",即用柔劲来接对方的刚劲。柔者,圆润、轻灵,而非软弱无力。刚劲易得,柔劲难求,关键在火候、劲力的把握。

对"硬、软"接手一说,笔者不能苟同。接手就是接手,若分其硬、软,理念意识和接手对应就容易混乱。在激烈对抗的散手中,对方向你进攻,你还要想到什么该是"硬接手"还是"软接手",怎么可能?笔者在长期打手、散手实践中积累了许多经验,散手中,应对对方的攻击,用什么方式接手,是下意识本能的,是长期练习和实践的从心所欲的反应,不可有杂念!

还有一种说法,接手之后,就用粘连黏随、舍己从人的方法去粘住对方的身体,捆住对方的手脚,紧贴着对方打,使对方的招式、速度、力量无法发挥作用,处于被动挨打的局面。对此,笔者不禁哑然!杨澄甫宗师说过:"今同志知其柔化,不知急应之法,恐难以与来力对敌。'急',快也,'缓'慢也。如敌来缓则柔化跟随,此理皆明;如敌来甚急,柔化焉能取胜哉?则用太极截劲之法,不先不后之理以应敌。所谓截劲,如行兵埋伏突出截击之。所谓不先不后,如敌手之发未到之际,我截入敌膊未直之时,一发既去。此迎头痛击,动急则急应。此非真传不可。"读了杨澄甫宗师的话,我们就知道,在散手实战中,接手是第一环节,面对对方直、摆、勾拳的单拳或双拳连续攻击,我之接手往往黏不住,粘不上,实际上一般也用不着黏粘。笔者与弟子的打手训练和散手实战也说明了这一点。如人踢狗状,你踢狗时,狗立刻后退一些,你刚脚落地,狗跟上就咬。除非两人扭缠在一起,散手之战的接手,是手顺逆缠丝的捋、是采、是挂、是抹、是裹,是接手瞬间的打、拿、跌、发,如陈公发科所云:两人交手,一哼一哈立判!这"哼哈立判"的前提就在于"接手"的质量。

接手的实践性很强,要经过无数次的失败。只有多练才能收获,再高的高手也不能保证每次成功,姚明也不可能每次投篮都成功呀!因此,我们不要怕失败,多练才能娴熟,直至从心所欲。有些人很迷信所谓的"真传",真传也是来自于散手实战,多训练、多打手、多散手、多思考才是正道,才能得到"真传"。

第二节　一般要义

所谓"接手"，笔者以为，凡是与对方交手时触及对方第一打击，且不论拳或脚，均为"接手"。

所谓"接"者，靠近、挨上、连接、承接、承合也。所谓"接手"者，顾名思义，就是"接住"对方进攻的手而对应之。这样的说法，如果对一般性搏击接手而言无可厚非，但太极拳"接手"，非也！

太极拳的"接手"是"接之"对方进攻的手而应对之。注意，我这里讲的是"接之"而不是"接住"，为何？"接住"，一个"住"字，就是将接手理解或看成停止、不动状态，这不仅与散手实战相悖，而且很容易造成抓住、拿住、握住、格住、挡住、架住等定向接手方式，有力而实在。太极拳的"接手"，不是抓住、拿住、握住、格住、挡住、架住等，而是"接之"，一个"之"字将太极拳接手虚化缥缈起来，松柔而轻灵，以顺、逆缠丝掤之、捋之、采之、抹之、裹之、挂之……其接手方式有别于他类。一字之差，代表了两种不同的思维方式，也体现了两种不同的搏击技法。太极拳不是以体强力大取胜的技法，而是追求以小搏大、以柔克刚、引进落空、后发先至的技法，因此，它的训练方法尤具特殊性，在接手训练中亦是如此。

徒手搏斗，思想要高度集中，对对方进攻的时间、空间、路径、攻击部位、功力大小等都要瞬间判断，迅疾反应，本能运作才能顺势顺劲接手。

在徒手搏击中，最常见的手臂攻击无非是直拳、摆拳、勾拳三种。太极拳应对三种攻击自有它的接手方式。同时，接手要与步法相适宜。一般而言，我们将彼此双方同步在前成为"合步"，将不同步在前称为"顺步"。例如，对方右脚在前，我右脚也在前，即为"合步"，对方右脚在前，我左脚在前，即为"顺步"；反之亦然。

必须指出，太极拳的接手首先要知会"三节分家"，以肘、腕、掌三节为主螺旋运作，不能有肩的运作，也不可有整个手臂的运作。其次，太极拳接手不可能在拳架套路中获得，它必须单独训练，也就是单式练习，反复不断地单式练习才可习得。

第三节　训练科目

　　推手需要训练，同样，散手功夫首要的"接手"也需要训练。那种认为只要推手会推，亦或推得较好，散手自然会好的想法是错误的，当然，如果认为接手不用训练就可直接散手的想法也是错误的！本人根据对抗搏击中常见的直拳、摆拳、勾拳以及其他拳法，归纳提炼了八种训练科目，分别是：

　　　　外接（直拳）　　　　采接
　　　　里接（摆拳）　　　　抹接（单、双手）
　　　　滚压接（勾拳）　　　顺逆接
　　　　十字接　　　　　　　双逆接
　　　　捋接

注：本节浅色衣者为我方，深色衣者为对方。

一、外接（直拳）

1. 单手接

　　双方对峙，对方右手直拳向我上部击来，我听之对方攻击距离、速度、力量等调整步位，右手顺缠虚黏对方右前臂至手腕处任何一点（最好接在手腕附近）（图4-1、图4-2）伺机还击。步法可顺步亦可合步。

图4-1

图 4-2

2. 双手接

双方对峙，对方右手直拳向我上部击来，我听之对方攻击距离、速度、力量等调整步位，右手顺缠虚黏对方右手腕，左手逆缠虚黏对方右前臂，伺机还击（图 4-3~图 4-5）。

图 4-3

图 4-4

图 4-5

若对方左手攻击，我则反其道而行之。

若对方攻击力大迅疾，我可退步接之。

二、里接（摆拳）

1. 单手接

双方对峙，对方右手摆拳向我左上部攻击，我听之对方攻击距离、速度、力量等调整步位，左手先顺后逆虚黏对方右手腕，右手伺机还击（图 4-6~图 4-8、图 4-8 附图）；步法可顺步亦可合步。

图 4-6　　　　　　　　　图 4-7

图 4-8　　　　　　　　　　　图 4-8 附图

2. 双手接

双方对峙，对方右手摆拳向我左上部攻击，我听之对方攻击距离、速度、力量等调整步位，左手先顺后逆虚黏对方右臂内侧手腕，同时右手顺缠虚黏对方右前臂内侧伺机还击（图 4-9~图 4-11、图 4-11 附图）；步法以合步为宜。

图 4-9　　　　　　　　　　　图 4-10

图 4-11　　　　　　　　　图 4-11 附图

若对方左手攻击，我则反其道而行之。

若对方攻击力大迅疾，我当退步接之。

三、滚压接（勾拳）

双方对峙，对方右手勾拳由下至上向我下颌或胃胸部击来，我听之对方攻击距离、速度、力量等调整步位，左右手轻握拳，左前右后，先顺缠轻黏对方右前臂两侧，双拳迅疾逆缠下滚，随即左拳顺缠，右拳伺机还击（图 4-12~图 4-15）；步法以合步为宜。

图 4-12　　　　　　　　　图 4-13

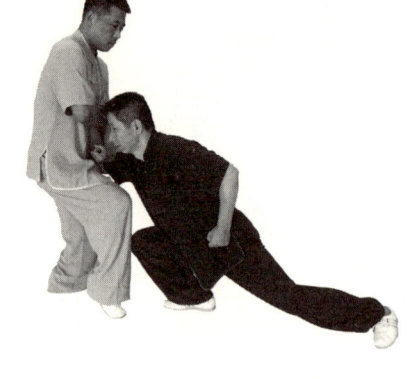

图 4-14　　　　　　　　　　图 4-15

若对方左手攻击，我则反其道而行之。
若对方攻击力大迅疾，我当退步接之。

四、十字接

双方对峙，对方右拳直击而来，我听之对方攻击距离、速度、力量等调整步位，左手在上右手在下交叉，自下而上双顺缠，以手腕交叉处虚黏对方右手腕，伺机攻击（图 4-16、图 4-17）；步法可顺步，亦可合步。

图 4-16　　　　　　　　　　图 4-17

若对方左手攻击，我则反其道而行之。
若对方攻击力大迅疾，我当退步接之。

五、捋接

双方对峙，对方右拳直击而来，我听之对方攻击距离、速度、力量等调整步位，左侧身合步，左手虚握对方拳腕，右手掌虚拢，小鱼际黏连对方右上臂下部顺势而捋，对方必前倾落空，我伺机攻击（图4-18~图4-21）。

图4-18

图4-19

图4-20

图4-21

若对方左手攻击,我则反其道而行之。
若对方攻击力大迅疾,我当退步接之。

六、采接

双方对峙,对方左拳直击而来,我听之对方攻击距离、速度、力量等调整步位,顺步的同时,左手顺缠虚握对方右手腕,右手先逆后顺黏粘对方右臂肘窝处,坐腕下采,对方必前倾落空,我伺机攻击(图4-22~图4-25)。

图4-22　　　　　　　　　图4-23

图4-24　　　　　　　　　图4-25

若对方左手攻击,我则反其道而行之。
若对方攻击力大迅疾,我当退步接之。

七、抹接(单、双手)

1.单手抹

双方对峙,对方右拳直击而来,我听之对方攻击距离、速度、力量等调整步位,合步的同时,右手掌虚黏对方右手肘窝附近,随即顺势轻抹对方右手前臂,对方必前倾落空,我伺机攻击(图4-26~图4-28、图4-28附图)。

图4-26

图4-27

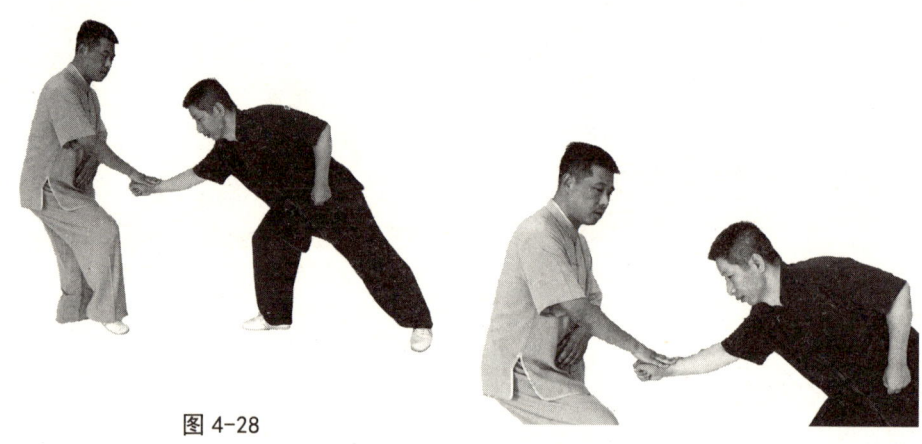

图 4-28

图 4-28 附图

2. 双手抹

双方对峙，对方右拳直击而来，我听之对方攻击距离、速度、力量等调整步位，合步的同时，左手顺缠虚握对方右手腕，右手掌虚黏对方右臂肘窝附近，随即顺势轻抹对方右前臂，对方必前倾落空，我伺机攻击（图 4-29～图 4-32）。

图 4-29

图 4-30

图 4-31　　　　　　　　　图 4-32

若对方左手攻击，我则反其道而行之。
若对方攻击力大迅疾，我当退步接之。

八、顺逆接

双方对峙，对方右拳直击而来，我听之对方攻击距离、速度、力量等调整步位，合步的同时，左手在前逆缠，右手在后顺缠虚黏对方右前臂外侧和手腕，随即顺势左手逆缠向下滚压，对方必前倾跌空，我右手顺势逆缠伺机攻击（图4-33~图4-36）。

图 4-33　　　　　　　　　图 4-34

图 4-35　　　　　　　　　　图 4-36

若对方左手攻击，我则反其道而行之。
若对方攻击力大迅疾，我当退步接之。

九、双逆接

双方对峙，对方右拳直击而来，我听之对方攻击距离、速度、力量等调整步位，合步的同时，左手在前、右手在后同时逆缠左手虚黏对方右前臂外侧，右手虚黏对方右手臂内侧手腕处随即身微左旋，左手逆缠向下滚压，对方必前倾落空，我右掌伺机攻击（图 4-37~图 4-40）。

图 4-37　　　　　　　　　　图 4-38

第四章 接手训练

图 4-39

图 4-40

若对方左手攻击，我则反其道而行之。
若对方攻击力大迅疾，我当退步接之。

第五章
散手训练

太极拳的技击，主要的应该是散手。然而，目前讲太极拳技击一般只到推手为止，进一步也就是推手的比赛了。太极拳的散手几乎很少有人问津，其训练方法或方式也不曾见。笔者根据师传及自己多年交流、教学体悟，总结并施行了一套训练方法，颇有成效。

第一节 概 述

散手，亦称太极散手，相对于推手、打手而言，系指太极拳徒手对抗搏斗。一般说来，太极拳技击经过推手、打手阶段的训练，就该进入对抗搏斗的散手阶段，这是太极拳术最后的也是最高的表现形式，真正的功夫或技艺就体现在这个阶段。

散手往往和"散打"混为一谈。"散手"与"散打"都有一个"散"字，虽有联系但有较大区别。散打是现代意义上的称谓，是按照一定的规则，并运用武术中的踢、打、摔等攻防技法制服对方的徒手对抗格斗项目，常由直拳、摆拳、勾拳、鞭拳、鞭腿、蹬腿、踹腿、摔法等技法组成。散打没有套路训练，只有单招和组合，见招拆招。

散手，应该说是太极拳对抗搏斗的专用术语，是不附加任何条件的徒手对抗，是与单人、多人或兵器的搏斗。它运用掌、拳、肘、臂、肩、膝、腿、胯等"浑身处处都是手"的部位攻击防卫，采用踢、打、跌、拿、放的技法，体现舍己从人、引进落空、四两拨千斤的技理；在对抗搏斗中不讲花架子，只讲打赢实用。它是太极拳套路、推手、打手各项训练"脱规矩"的综合，是太极拳技艺水平的直接体现。

打开民国时期前的各种传统武术书籍，或学练各种传统拳术，无一例外都会讲到对抗搏斗。从古至今的武侠小说，也都是以对抗搏斗为功夫的最高表现形式而受到人们的喜爱和欣赏，再熟悉不过的金庸小说，东邪、西毒、南帝、北丐四个顶尖高手武艺巅峰的华山论剑；郭靖的"降龙十八掌"、杨过的"黯然销魂掌"、段誉的"六脉神剑"、张无忌的"九阳神功"、南帝的"一阳指"、鸠摩智的"小无相功"等，都使练武之人心往神往。

太极拳界的宗师、大师也都是以他们传奇般的对抗搏斗技艺名扬天下，深受太极拳人的尊敬。陈长兴"牌位大王"，凡近身者，如水触石，不抗自颓；杨露禅"杨无敌"，打遍天下；陈发科"拿、打、跌、放"哼哈立判，陈照奎"拿、跌、缠丝"令人胆寒等。

陈王廷的《拳经总歌》，王宗岳的《太极拳论》《打手歌》，武禹襄的《打手要言》《四字秘诀》，李亦畬的《五字诀》《撒放秘诀》，陈微明的《太极拳的散手用法》等无一不是对抗搏斗经验的总结和技理的指导。陈鑫的《陈氏太极拳图说》不仅将对抗搏斗技法和理念散写于各拳势中，还写了《太极拳用说》《界限》《争走要诀》三篇文章专门阐述太极拳对抗搏斗的战略战术、技法要求等。

这些说明了一个道理：对抗搏击、功夫技艺是中国武术的初心！当然也是太极拳的初心！

第二节　一般要义

散手，要求太极拳练习者在招熟、懂劲的基础上，无任何限制，与任何拳术徒手对抗搏斗。

这里有几个关键要素：

第一，招术要熟练。对于太极拳的招术不说烂熟于心，起码也要不假思索。如前文所述，笔者将陈式太极拳大架83式260余个招术提炼归纳为54技式150余个招术，这些招术要反反复复地对抗训练，以致条件反射，不假思索。

第二，懂劲。这是太极拳技击的专用术语，是指通过"听劲"察知对方动作的路径、速度、力量大小及变化而应对，进而克敌制胜。怎样才能懂劲？王宗岳说得很清楚，"须知阴阳，粘即是走、走即是粘，阴不离阳，阳不离阴，阴阳相济，方为懂劲"。

招熟与懂劲是一个硬币的两面。招熟离不开懂劲，是懂劲的载体；懂劲离不开招熟，是招熟的主体。而且随着招术的逐渐熟练，越来越要求懂劲，也就是说，懂劲成就招熟，招熟依赖懂劲的程度和水平，以致无招无术，从心所欲。

第三，无限制。现代对抗搏击比赛都是在一定的规则下进行的，一为体现公平，二为参赛选手的人身保护，这无疑是需要的也是应该的。太极拳散手的初心是无限制的，那是因为在冷兵器时代需要的生死搏斗。当代散手训练应该有所限制，比如头部、裆部、喉部等不可攻击。但是，笔者在训练弟子时，任何攻击部位都要讲清讲透，尤其是劲路要讲清讲透，当然只是点到即止。

第四，要与任何拳术对抗。太极拳散手不能也不应该只与太极拳者对抗，而是要敢与任何学过拳术的任何人徒手对抗，甚至与没有学过拳术的，打"王八拳"的人过招。笔者曾与练过拳击、练过摔跤、练过红拳及其他拳种的拳友或来访者交流切磋，也与社会不良习性人员过过招，受益良多。

太极拳散手承接推手、打手的粘连黏随、引进落空等技法，触觉灵敏，反映迅速，应见手即进，即化即打，动作螺旋圆转，接触点要冷脆弹发，举手不得留情。尤其重在接手打开对方门户，登堂入室，劲力生猛，或震撼、或穿透，其接触点一般都会有响声，这叫"掌起响连环""一响我便赢"，达到"得机得势应重创"的效果。

因此，我们应该清楚：散手是检验太极拳实战功夫的唯一标准！不是打手，更不是推手！

第三节　散手的艺术，艺术的散手

任何肢体语言都体现着艺术气息和美的感受，舞蹈、体操、技巧等是这样，太极拳散手也不例外。

中国武术大多数拳种都有对练，对练就是将本门拳架套路中的招术按照预定程序编排的攻防格斗套路，它对进一步理解拳术套路中每个动作的攻防含义有重要作用。有人认为,武术讲究实打实用,套路是花拳绣腿。其实不然,拳术包括器械的套路自古有之,虽然套路何时出现无从可考,但我们可以这样认为,套路是武术发展的高级阶段。无论是拳术还是器械,都是先有散招或散打,后有套路,这是中国武术发展史所能表明的。因此,古已有之的传统套路绝不是花拳绣腿,而是各拳术若干杰出人物将实战搏斗中的实用技法总结归纳,有机编排,组成套路,既为平时训练之用,又能增强体质体能。

当然,套路终究不能实战,上阵御敌依然要散势应对,如按套路御敌不是傻子就是呆子,这叫"练时有定势,用时无定法"。戚继光在《纪效新书》中说:"故择其拳之善者三十二势,势势相承,遇敌制胜,变化无穷,微妙莫测,窈焉冥焉,人不得而窥者,谓之神。"这里的"势势相承"是讲散势编排成套路,"变化无穷,微妙莫测"是指上阵御敌散势招术实战的效果。因此,套路为实用而设,实用依套路训练,这就是传统套路与实战的辩证关系。至于现代武术套路的高、难、飘动作与实战是否相关,那是另外的话题。

现代以来,对练已经成为武术运动的重要项目之一,其套路动作已不限于任何拳种门派。

对练一般是由两人或两人以上进行的,其有三种练法:一是徒手对练,就是运用踢、打、摔、拿等方法,按照进攻、防守、还击的运动规律编成的对练套路,这类对练最为普遍。二是器械对练,就是以器械的劈、砍、击、刺等技击方法组成的对练套路,主要有长械对练、短械对练、长与短对练、单与双对练、单与软对练等多种形式,常见的有单刀进枪、三节棍进棍、双匕首进枪等。三是徒手与器械对练,就是一方徒手,另一方持器械进行的攻防对练套路,如空手夺刀、空手夺棍、空手进双枪等。武术对练实战气氛逼真,动作熟练,方法准确,配合协调,观赏性强,受到习武者的广泛喜爱。尤其是武侠功夫影视作品,运用影视制作技术,将对练套路制作得更为逼真,并予以夸张化、飘逸化、现实化,优于武侠小说中文字描述对抗搏斗产生空间遐想的艺术美感,更容易产生强烈、直观的艺术冲击,美的享受油然而生。从20世纪70—80年代的《猛龙过江》《精武门》《少林寺》及以后的《射雕英雄传》《卧虎藏龙》等一系列功夫武侠影视作品,无一不体现中国武术对练(打)之美,无一不是艺术之佳品。

太极拳散手,虽然同样属于拳术的对练,但它不像其他拳术套路单练后可直接进入对练阶段。太极拳散手，它从推手开始，进而打手、进而散手，这是其一。其二，其他拳术一般都是以刚对刚，以刚克刚，以快制慢，以强胜弱；而太极拳散手则是以阴对阳，以柔克刚，以弱胜强，后发先至。因此，太极拳散手更有韵味、更有美感、更有艺术范儿！讲述杨露禅偷学拳事迹的《神丐》《太极宗师》等影视作品，就深刻地反映了太极拳散手的艺术魅力。

太极拳散手有三美，即阴阳之美、三节之美、雕塑之美。

阴阳之美："一阴一阳之谓道"，洪荒宇宙无处不是阴阳。太极拳尤其讲究阴阳，拳架套路有阴阳，推手、打手你来我往，你阳我阴，你阴我阳；散手对抗阴慢先阳至，弱阴克强阳。两人对抗，不论推手、打手、散手，都是一个球体，阴阳互为其根，走弧划圈，螺旋缠绕，负阴抱阳。观看者赏心，对抗者沉湎，美感悠悠然。

三节之美：关于"三节"的问题，陈长兴在《十大要论》里已经讲得很清楚。大千世界，许多哺乳动物都呈"三节"，尤以猫科动物诸如老虎、狮子、豹子见长。君不见其在追捕猎物时的奔跑，三节分家、线条优美、周身协调，捕捉猎物瞬间前肢的节节贯串，将猎物牢牢控制于爪下不得逃脱。这是大自然赐予动物世界之美，我们由衷赞叹！若不及、若过于，则时间、空间、力度不协调，无法节节贯串，猎物往往幸运逃脱其爪下。太极拳散手对抗，如同猫科动物捕捉猎物，其三节必先分家，才可节节贯串地致胜一击。其间的美感我们也会由衷赞叹。如"懒扎衣"技势中的"翻手为云"招术、"前蹚拗步"技势中的"迦叶拈花"招术等。

雕塑之美：雕塑，是指用各种可雕、可刻的硬质材料，创造出具有一定空间的可视、可触的艺术形象，借以反映社会生活，表达雕塑者的审美感受、情感和理想。其实，太极拳也有雕塑的美感，只不过是人体塑形，而不是可雕可刻的硬质材料。它既要符合太极拳的要求，也要符合人体力学原理。

太极拳的雕塑美感，在套路、推手、打手、散手的各个阶段都可产生。套路中的定势，如陈式太极拳大架一路的单鞭、白鹅亮翅、披身捶；二路的煞腰压肘、连环炮等拳式的定势都是极富美感的塑形。关于陈式太极拳套路的艺术，著名拳师马虹曾经赞许是"力的旋律，美的造型"，有着"对称美、节奏美、开合美、螺旋美、轻沉美和意境美"。

同样，在打手、散手中，运用十三式技法将对方采捋、挤靠、掷放或致对方被拿、跌扑等，其自身只要停滞不动，其身形就是塑像，是一尊武艺搏斗的塑像，也是具有时间、空间的雕塑之美。一般来说，只要符合太极拳的要求，也就符合了人体力学原理。笔者已尝试无数次，大家不妨试试！

我们应该敬佩古人，他们不仅创造了技击的太极拳术，也将太极拳散手技术上升为艺术，有了艺术的气息、韵味、美感，使散手对抗和交流切磋成为"散手的艺术"或"艺术的散手"。

第四节　交流切磋、踢场子

但凡练过几天武术或其他搏击术的人大多希图与人较量，尤其是年轻人。说来也奇怪，不习武也不会动与他人较量的念头，只要习武没几天，就想与人过过招了。其实这也不足为奇，学了几天三脚猫拳技，总要试试自己学的功夫管不管用嘛。同样，太极拳者学练了几天推手，也想去找人试试，以检验自己的推手功夫练到何种程度了。目前，推手的交流比较普遍。

说到切磋推手，这就使笔者想起旧时武林"踢场子"的陋习。"踢场子"也叫砸场子，大多是当地练武之人向来到此地的卖艺人故意找茬寻衅，搅散其卖艺场所，故而有"踢场子"的说法。之后，凡是到教习、传授武术拳场挑衅滋事或专门向名家高手挑战的行为，都归于"踢场子"一类。笔者少年时代曾随师兄们也干过这类事。

古有"文人相轻"之说，其实，武人也有"武人相倾"的说法。文人自视清高，看不起他人；武人之间相互诋毁，争强好胜，则"踢场子"时常发生。现代以来，随着文明程度的提高，这类事项很少发生了，民间的交流、切磋已是常态。但，交流切磋也应遵循一定的"规矩"，这就是现代武人交流的"文交"和"武交"。

"文交"，就是双方见面后，先各自交谈门派沿革、历史掌故、上辈名人，以彰显辈分高、影响力大而令对方丢脸。之后，可交流本门拳术的拳理拳法、技击门道，太极拳者就要讲述太极拳的拳理拳法，技势招术等，看谁一知半解或不懂装懂。如此可"文比自惭"矣！

"武交"有两种形式,即"演练"和"试手"。

"演练",就是各家拳术套路展示。太极拳者上场展演一下你的太极拳,看看其功架、功力、攻防技术和神韵,由此可以看出谁的拳术水平高、功夫好。

"试手",就是动手比试较量了。在"文交"和"演练"的前提下,双方意犹未尽,就可以比试比试了。这在太极拳界比较多,主要体现在推手,因推手是不容易伤人且较文明的武艺较量。双方搭手摸劲,进而听劲、化劲互推数下,一般交流切磋到此为止。有时会进入打手阶段,此时,双方拳技高低,功夫强弱便知五六,"行家伸伸手,便知有没有"嘛。闹红脸,甚至"踢场子"的意图和事情已经很少很少了。

需要指出的是,一般交流切磋止于"推手",而往下延续的"打手"就比较难了,更遑论"散手"。因此,我们说"推手容易打手难,散手更是难上难"。目前的情况下,演练太极拳套路,适当推手摸劲,或自己本门弟子打手、散手演示,向对方"秀肌肉"式的"武交"看来是比较好的方式。笔者自身和带领弟子如此交流切磋数次,效果良好。

其实,大家想想,无论古代还是现代的民间,真正散手交手甚至殊死搏斗有几宗?即使清代镖局的镖师走镖也不是整天生活在打打杀杀之中,何况还有明镖、暗镖、硬镖、软镖等方式。镖师们大多希望通过"软镖"的方式走镖,不到万不得已不会以"硬镖"方式依靠动手比武或干脆武力解决。因为镖局是以保护货物平安到达目的地为前提的。镖师不走镖时,他们的任务就是练武练功,长武技、增功力,武功为后盾,走镖才有底气和胆气。情同此情,理同此理,笔者也是带领弟子们从难从严进行打手、散手训练,以致于他们打手、散手更有底气和胆量。在与他人交流切磋"武交"时,演练的拳架套路以及推手、打手直至散手,首先使他人敬畏三分,产生威慑效果。因为,打手、散手者必定是少数,而且大家都知道,散手实战才是太极拳的灵魂。太极拳的灵魂在你体内,他人必将忌惮,你自然气壮!

由上所叙,太极拳散手能打,而且应该打得很好。然,目前在多数人眼中,太极拳不能打,其因素多样复杂。笔者认为有五:第一,当今社会已经失去靠武术搏击生存的土壤;第二,散手虽存在于民间武林,而当今的民间武林也不需要也没必要运用散手的方式去解决武林纠纷或事项,故而推手普及和广泛;第三,检验民间太极拳者水平高低、功夫好坏大多以推手，至多打手为评判标准；第四，民间的散手者一般不可能像专业格斗搏击运动员那样训练，其体能和实战氛围都不如专业运动和专业赛事；第五，绝大多数太极拳者中老年人居多，且追求的是锻炼身体、健身养生。

可喜的是，2018年8月5日，陈家沟举办了"陈式太极拳国际交流大赛"，期间，举办了名为"中外对抗赛"实为太极拳散手的对抗自由搏击的比赛，共有五对选手参加比赛，以太极拳选手完胜而宣示太极拳是能够打的！但问题是，第一，场地同拳击场地；第二，双方都戴有拳击式拳套，第三，比赛只呈现击、打、踢、摔技法，还是如拳击、散打类比赛。究其原因，或许是规则的限制？或许戴着拳套无法施展？不管怎样，这次比赛还是看不出太极拳技法的运用，没有达到太极拳散手的预期。

虽然如此，我们还是鼓励点赞，毕竟在陈家沟举办这样的比赛，是有益的尝试。笔者以为，我们应该总结经验，认真探讨，专项设计，恢复散手。在"武林大会"的基础上，国家层面要重新规划设计，可否将目前的太极拳"推手比赛"改为"打手比赛"，并在此基础上，专项设计组织"散手比赛"，以此激励民间的太极拳技击爱好者向往"真枪实弹"。若此，经略数年，成果必现，则太极拳幸事、武林幸事矣！

第五节　招术训练

王宗岳说："由着熟而渐悟懂劲，由懂劲而阶及神明。"这是太极拳的三层境界，也是习练太极拳的次序。"着熟"，即招术的熟练，就是要将每个招术反复练习，琢磨招术劲路、距离、速度、身法、步法、手法等是否对路。本人总结归纳的陈式太极拳150余招术，为我们提供了散手训练较好的招术，本节截取29个招术与大家分享。

叶下摘桃　　浪遏飞舟

连中三元　　疾风断肢

翻手为云　　送客楚门

覆脚为雨　　雷击空谷

苏武挥鞭	野马探头
顽童拨牛	白猿挂肘
迦叶拈花	力劈华雄
霸王敬酒	玉女飞天
鹞子入林	乌龙摆尾
轻抹头陀	贵妃醉跌
拨云见日	罗汉撞钟
一挂三鞭	白猿探爪
青龙出水	魁星踢斗
怀中揽月	当头炮
喜鹊登枝	

注：本节浅色衣者为我方，深色衣者为对方。

一、叶下摘桃

此为第二式"金刚捣碓"招术之一。

散手实战中，双方对峙。对方挥拳当面袭来，我两手外接来劲，右顺左逆向下滚缠引其跌进，左手顺势折腕撩挤，直袭其喉部，彼遭逆袭而退让不及，我右手得机"乘击而袭"，径取其要害（阴囊）（图5-1~图5-4）。

图 5-1

图 5-2

图 5-3　　　　　　　　　　　图 5-4

二、连中三元

此为第二式"金刚捣碓"招术之一。

散手实战中，双方对峙。对方挥拳当面袭来，我两手外接来劲，右顺左逆向下划弧滚缠引其跌进，右拳顺缠直取对方下颌，松腕上勾弹击，致其后仰挺腹之状，我遂上下合击折腕以肘尖击其胃部，同时提右膝撞击其腹裆，必致其重创（图5-5~图5-10）。

图 5-5　　　　　　　　　　　图 5-6

图 5-7

图 5-8

图 5-9

图 5-10

三、翻手为云

此为第三式"懒扎衣"招术之一。

散手实战中,双方对峙。对方右拳直袭,我双手应接其右臂外侧,随即左手掌根粘其臂弯,逆缠用大鱼际向下滚按,对方必向我胸部跌空而来,我右手顺势逆缠翻掌迎击其面,即化即打,圆走方击(图 5-11~图 5-16)。

图 5-11

图 5-12

图 5-13

图 5-14

图 5-15

图 5-16

四、覆脚为雨

此为第三式"懒扎衣"招术之一。

散手实战中,双方对峙。对方右拳直袭,我左闪身蹈锋接其臂下将,趁势上右步蹩其右腿,右掌扑按其胸,上下合劲,将其扑跌(图5-17~图5-22)。

图 5-17

图 5-18

图 5-19

图 5-20

图 5-21

图 5-22

五、浪遏飞舟

此为第四式"六封四闭"招术之一。

散手实战中,双方对峙。对方右拳直袭,我吞接来脉,左挈右捋将对方"引进",对方为稳固身形倏然回撤,我旋即沉胯,胸腰折叠,右腕转关,折出凸击,劲出似浪头拍岸,将对方发出(图 5-23~图 5-27)。

图 5-23

图 5-24

图 5-25

图 5-26

图 5-27

六、疾风断肢

此为第四式"六封四闭"招术之一。

散手实战中，双方对峙。对方冲拳直袭，我吞接来脉，右掌根贴其肘弯处，走横圆螺旋，向下划弧，瞬间猛地双按下采，使对方跌扑（图5-28~图5-31）。

图 5-28　　　　　　　　　图 5-29

图 5-30　　　　　　　　　图 5-31

七、送客楚门

此为第四式"六封四闭"招术之一。

散手实战中,双方对峙。对方左直拳当胸袭来,我双手迎锋接其来脉,左手转腕扣握其左腕,右掌根贴其肘弯处,走横圆螺旋向下微划弧,随即右掌顺缠上挑抟,同时沉胯左转上臂与肩,粘其左上臂肩处,上下合劲猛左旋,"靠"击对方肩关节致疼痛而出(图 5-32~图 5-35)。

图 5-32　　　　　　　　图 5-33

图 5-34　　　　　　　　图 5-35

八、雷击空谷

此为第四式"六封四闭"招术之一。

散手实战中，双方对峙。对方左直拳当胸袭来，我接对方左臂顺缠上挑捋，对方若不肯负轭，束力回抽，我顺势右手回挂致对方左胸部空虚，我即侧上右步近身双手转腕逆缠，向对方当胸按击致其伤（图5-36～图5-41）。

第五章 散手训练

图 5-36　　　　　　　　　　　　　图 5-37

图 5-38　　　　　　　　　　　　　图 5-39

图 5-40　　　　　　　　　　　　　图 5-41

九、苏武挥鞭

此为第五式"单鞭"招术之一。

散手实战中,双方对峙。对方疾拳直冲,我右手走逆缠接,同时上左步,以己左胯据对方右后侧胯,右手粘住对方右腕,左手"以手领身",粘其右臂,微右旋俯而下引,时已得机,遂左手顺缠竖掌引肩靠,一击!左手逆缠接肘击,再击!左手继逆缠领劲开臂,将对方"跌空合出",三击(图5-42~图5-48)。

图 5-42　　　　　　　　图 5-43

图 5-44　　　　　　　　图 5-45

图 5-46

图 5-47

图 5-48

十、顽童拨牛

此为第八式"斜行拗步"招术之一。

此招术是"搂膝右击"的变招。推手与散手中皆可使用。散手实战中，双方对峙。对方直拳当胸袭来，我上右步外接其腕，顺势上左步插其身后，蹩其右腿，阻其后撤；左臂逆缠前插束其前腹，松腰沉胯扣左膝，左臂"梢节领劲"顺缠，上下合劲，对方即刻跌出（图 5-49~图 5-54）。

图 5-49　　　　　　　　　图 5-50

图 5-51　　　　　　　　　图 5-52

图 5-53　　　　　　　　　图 5-54

十一、迦叶拈花

此为第十式"前蹚拗步"招术之一。

散手实战中,双方对峙。适对方右拳当胸袭来,我迎上外接;右手扣握其右腕,左手托挈其臂弯,侧上左步,沉胯向右下采引,致其前跌;霎时,我撒右手顺势三节分家折腕弹击其面(图5-55~图5-60)。

图 5-55

图 5-56

图 5-57

图 5-58

图 5-59　　　　　　　　　图 5-60

十二、霸王敬酒

此为第十四式"掩手肱捶"招术之一。

散手实战中，双方对峙。对方直拳当胸袭来，我侧身闪过拳锋，右拳左掌先逆缠后顺缠，丹田内转，身形左旋，右拳反弹击其后颈（图5-61~图5-65）。

图 5-61

图 5-62

图 5-63　　　　　　　　　　　　图 5-64

图 5-65

十三、鹞子入林

此为第十四式"掩手肱捶"招术之一。

散手实战中,双方对峙。对方右拳当胸来袭;我右手从其身内侧顺缠截迎来拳,左拳先顺后逆盖压掩我之右拳并往左后稍拨带,随即我右拳逆缠而出击打对方膻中穴(最佳点),右拳与左拳成对拉形成"通背劲",击中对方膻中穴应具有"穿透力",能使对方一口鲜血喷出(图 5-66~图 5-70)。

图 5-66

图 5-67

图 5-68

图 5-69

图 5-70

十四、轻抹头陀

此为第十五式"十字手"招术之一。

散手实战中，双方对峙。对方右拳当胸袭来，我双手截迎来拳，左手逆缠覆盖下压，右掌顺缠就势插向对方左颈侧，以掌根向左下按压，对方必然顶抗，我右掌顺势由"按"变"勾"，勾缠住其颈部，以手领劲，三节分家向右下"抹"带，同时左手托住其右臂，沉胯右转，合劲将对方抛出（图5-71~图5-76）。

图 5-71　　　　　　　　　图 5-72

图 5-73

图 5-74

图 5-75　　　　　　　　　　　图 5-76

十五、拨云见日

此为第十七式"披身捶"招术之一。

散手实战中，双方对峙。对方右拳向我当面袭来；我右手外接阻其锋，趁机左手勾搭其腕臂，向左拉引，随即我右腿向前跨冲一步，用右拳背狠弹砸其面（图 5-77~图 5-83）。

图 5-77　　　　　　　　　　　图 5-78

第五章 散手训练

图 5-79　　　　　　　　　　　图 5-80

图 5-81　　　　　　　　　　　图 5-82

图 5-83

十六、一挂三鞭

此为第十八式"背折靠"招术之一。

散手实战中,双方对峙。对方右拳向我当面袭来;我右手外接阻其锋,趁机左手勾搭其腕臂,向左拉引,同时右脚跨冲一步,折右腕划弧侧击其左颊。对方突遭此逆袭,身形即刻散乱,由攻转守意欲后撤,我右拳顺势转腕变掌,滑步跟上,劈其左颈;对方再退,我紧跟上一步,右掌旋勾其右颈,左手托其右臂,上下合劲,将其捌翻(图5-84~图5-92)。

图5-84　　　　　　　　　图5-85

图5-86　　　　　　　　　图5-87

第五章 散手训练

图 5-88

图 5-89

图 5-90

图 5-91

图 5-92

135

十七、青龙出水

此为第十九式"青龙出水"招术之一。

散手实战中,双方对峙。对方右拳当面袭来,我以右腕顺缠内粘接之,遂勾挂外旋荡开;上右步左掌走下弧"撩弹"击其肋;乘其惊悚之际,我迅疾右上步跟进前插,松腰转胯,右臂三节分家,肘定位,右拳以腕领劲走下弧,闪弹其下阴。青龙既出,势不可挡(图5-93~图5-98、图5-98附图)。

图 5-93

图 5-94

图 5-95

图 5-96

图 5-97

图 5-98

图 5-98 附图

十八、喜鹊登枝

此为第二十五式"中盘"招术之一。

散手实战中，双方对峙。对方右拳直袭，我含胸虚步、左托右盖粘接其拳臂，同时右掌轻抹下引，其必前倾；藉彼欲回撤之际，我右手三节分家，折腕跨步弹击其面致其伤（图5-99~图5-104）。

图 5-99　　　　　　　　　图 5-100

图 5-101　　　　　　　　　图 5-102

图 5-103　　　　　　　　　图 5-104

十九、野马探头

此为第三十三式"高探马"招术之一。

散手实战中,双方对峙。对方右拳向我当面直袭;我以胸迎锋吞化来劲,两手逆缠合截其臂,左掌黏抹下引(关键在"抹"),致其前倾而头探,右掌蓄劲逆缠猛拍其面,彼应声跌出(图5-105~图5-108)。

图 5-105

图 5-106

图 5-107

图 5-108

二十、怀中揽月

此为第三十五式"左插脚"招术之一。

散手实战中,双方对峙。对方右拳向我直袭;我进步迎锋两手外接,顺缠向内绕缠粘荡,致其倾跌,我顺势两掌穿插其颈后合抱后脑向下揽压,同时提右膝合击,重创对方(图5-109~图5-114)。

图 5-109

图 5-110

图 5-111

图 5-112

图 5-113

图 5-114

二十一、白猿挂肘

此为第三十九式"翻身二起脚"招术之一。

散手实战中，对方右拳向我迎面直袭；我右手外接其锋，同时调整步法，左手敷上黏其右臂弯逆缠滚按，将彼引倾，右手梢领提肘蓄劲，沉胯合腰，以臂肘发劲撞击其前额致其重创（图 5-115~ 图 5-120）。

图 5-115

图 5-116

图 5-117

图 5-118

图 5-119

图 5-120

二十二、力劈华雄

此为第五十式"前招后招"招术之一。

散手实战中，对方右拳向我直袭；我侧身迎上，让过拳锋，以右掌截劈其前臂，将其打侧；接续运丹转精，右掌转锋，横斩其颈部（图5-121~图5-125）。

第五章 散手训练

图 5-121　　　　　　　　　图 5-122

图 5-123　　　　　　　　　图 5-124

图 5-125

143

二十三、玉女飞天

此为第六十一式"左右金鸡独立"招术之一。

散手实战中,对方右拳向我直袭;我两手合接其锋,稍向外荡引,趁势上步,以右掌顺缠插托其下颌向上逆缠,同时,我左手抚其右臂往下抹带,上托下带对开劲将其推出。如若右掌小弹抖劲,必将其牙齿击落、下颌击伤(图5-126~图5-130)。

图5-126　　　　　　　　　图5-127

图5-128

图5-129

图 5-130

二十四、乌龙摆尾

此为第六十式"摆脚跌叉"招术之一。

散手实战中,双方对峙。对方右拳向我直袭;我侧身上步两手外接,粘其右臂向右下捋引;对方忽被捋袭,势必回抽欲稳固重心;我趁势侧上右步蹩其右腿,双掌摆扑其胸,上下合劲,将其扑跌(图 5-131~图 5-136)。

图 5-131

图 5-132

图 5-133

图 5-134

图 5-135

图 5-136

二十五、贵妃醉跌

此为第六十一式"左右金鸡独立"招术之一。

散手实战中，对方右拳向我直袭；我两手合接其锋，稍向外荡引，趁势上步，掌托其下颌，向上逆缠推出，同时上左步，左掌轻抚其腰，向其腘窝处滑动，致其仰跌（图 5-137~图 5-142、图 5-141 附图）。

第五章 散手训练

图 5-137　　　　　　　　　　图 5-138

图 5-139　　　　　　　　　　图 5-140

图 5-141　　　　　　　　　　图 5-141 附图

图 5-142

二十六、罗汉撞钟

此为第六十五式"白鹅亮翅"招术之一。

散手实战中,双方对峙。对方右拳向我直袭;我左撤半步晃过其拳锋,闪挪其右侧后,接续上后套步抢位,两掌转逆缠,左掤右开以背靠劲将对方击出(图5-143~图5-146、图5-145附图)。

图 5-143

图 5-144

图 5-145

图 5-145 附图

图 5-146

二十七、白猿探爪

此为第七十五式"白猿献果"招术之一。

散手实战中,双方对峙。对方右拳向我直袭;我迎锋上左步,两手右顺左逆外接捋按致其身形前倾,接续上右步,右拳拳面朝上,穿隙直探彼下颌,再上挑冲击其颌颈,将其扰成仰面挺腹之状,我旋出右脚蹬踏其腹部,将其踹倒(图 5-147~图 5-152)。

图 5-147　　　　　　　　　　　图 5-148

图 5-149　　　　　　　　　　　图 5-150

图 5-151　　　　　　　　　　　图 5-152

二十八、魁星踢斗

此为第八十一式"转身双摆莲"招术之一。

散手实战中,双方对峙。对方右拳向我直袭;我侧身上步捋接,借劲往回带,右脚顺势蹬踏其支撑腿膝盖侧,将其踢翻(图5-153~图5-157)。

图 5-153

图 5-154

图 5-155

图 5-156

图 5-157

二十九、当头炮

此为第八十二式"当头炮"招术之一。

散手实战中,对方右拳向我直袭;我侧身上步外接粘捋,将其引倾,接续转精丹田,旋身并拳打回头劲,直轰彼面额,将其击出(图 5-158~图 5-162)。

图 5-158　　　　　　　　图 5-159

图 5-160

图 5-161

图 5-162

附录一：拳论

太极拳之"节节贯串"

"节节贯串"是太极拳的重要法则和要领之一。

太极拳"节节"的概念来源于陈长兴《十大要论》中的"三节说"：

"三节，上、中、下，或根、中、梢也。

以一身言之，头为上节，胸为中节，腿为下节。

以头面言之，额为上节，鼻为中节，口为下节。

以中身言之，胸为上节，腹为中节，丹田为下节。

以腿言之，胯为根节，膝为中节，足为梢节。

以臂言之，膊为根节，肘为中节，手为梢节。

以手言之，腕为根节，掌为中节，指为梢节……

上节不明，无依无宗；中节不明，满腔是空；下节不明，颠覆必生。由此观之，身三节部，岂可忽也！至于气之发动，要从梢节起，中节随，根节催而已。"

关于"三节"的含义及其重要性陈长兴讲得很明白，不必赘言。按太极拳理要求，太极拳的练习，身上所有节点必须连接，周身一家，"毋使有凹凸处，毋使有断续处"，也就是"节节贯串"，犹如珍珠串起一般。"节节贯串"是要求，是效果。问题是，如何节节贯串，通过什么样的途径、手段贯串？笔者冒昧揣摩，试以说之。

"节节贯串"的前提是"节节分家"。

我们知道，身肢放长的弹性运动是太极拳的特点之一。身肢放长，主要说的是四肢和胸、腰、背部的肢体放长。但，还有一个重要部位的放长，就是人体关节周围韧带的拉长。自然状态下关节腔周围的韧带通过太极拳锻炼，拉长它，分开它。这种韧带的拉长、分开，使周身每个关节节点最大限度地分开，即"节节分家"。通过太极拳长期拉长、分开的练习，关节腔周围的韧带拉长了，分开了，就会产生韧性和弹性，随之带来肌肉的韧性和弹性，久而久之，在"节节分家"基础上，节点自然柔润连接，毫无滞障，你的爆发力和整劲自然增强，"节节贯串"的效果自然显现。

只有先将关节腔周围韧带拉长、分开，才能做到今后的节节贯串。犹如列车各节车厢，既是分开独立、又是连接贯串，在车头的领劲下，整体地行进。如果我们只追求"节节贯串"的效果，而不明了"节节分家"的含义，不体悟"节节分家"的作用，那是本末倒置，是无法做到"节节贯串"的。因此，先要做到"节节分家"，才可达到"节节贯串"。

必须指出的是，在散手实战中，手臂和腿的"三节分家"尤为重要，经常起到决定性作用。例如，"六封四闭"技势之招术一"折拿虎尾"解脱折拿和招术三"疾风断肢"的按采，就要求手臂的三节分家；"大六封四闭"技势之招术三"果老下骑"的点踹，就要求腿部的三节分家。其实"三节分家"在技势招术中俯拾即是。当然，只有在做到"节节分家"基础上，才可做到"三节分家"。

"节节分家"主要在练拳架中慢慢求得；"三节分家"主要在推手、散手实战中体悟，两者结合，方能功夫上身。

"节节分家"的前提是"梢节领劲"。

要做到"节节分家"，非从"梢节领劲"做起不可。

关于"梢节领劲"，太极拳家多有重视。根据陈长兴"三节说"，手为梢节，在陈式太极拳的练习中，每一拳势都得梢节领劲，才可带引其他节点随之而动，带动各关节韧带、肌肉的拉长、分开，从而产生弹性和韧性。但就笔者观之，目前社会上许多太极拳练习者，不明梢节领劲，大多以腰领劲或以肩领劲，以致行拳时架肩、耸肩或腰胯扭动，推手技击中死顶蛮揪，即使占有优势或将人放倒，也是拙劲蛮力，少有引进落空的从容潇洒、舍己从人的淡定自如。其实，凡太极拳技击者，都想引进落空、舍己从人，无奈大多太极拳者不明"梢节领劲"就里，自然无法做到和达到从容潇洒、淡定自如的水平。

"梢节领劲"的前提是"以手领肘"。

要做到"梢节领劲"，非从"以手领肘"做起不可。

陈鑫在《陈氏太极拳图说》中讲解"第一势 金刚捣碓"时说："打拳以鼻为中界……以手领肘，以肘领臂……上体手如何运动，下体亦随之。上下相随。中间自然皆随，此为一气贯通"（这里"以肘领臂"的"臂"与陈长兴的"膊为根节"的"膊"指的都是"肩"）。你看，"以手领肘，以肘领臂"与陈长兴"梢节起，中节随，根节催"如出一辙。这就告诫我们，练习太极拳梢节领劲时，务必以手领肘，以肘领肩。这是太极拳的重要法则！

可是，目前许多太极拳者往往教条地、片面地理解"其根在脚，发乎于腿，主宰于腰，行乎于手"的拳论，强调腰腿的作用，对"行乎于手"少有提及，甚至提出太极拳"不动手"是区别太极拳与太极操标准之一的论调，笔者不敢苟同。

简而言之，推手推手，推的是手，交手交手，交的也是手，不论推手、交手，都是以手的接触开始。因为手是人体最灵敏、最敏感的部位，推手、交手时不可能先以臂、肩、腰去接触吧。因此，"梢节领劲"当然是以梢节的手领劲。

"以手领肘"，这就要求我们在行拳时，手为领劲，也就是每一动手先运行，前一动作结束下一动作始做时，手先运走，这叫每动先走手。

"以手领肘"的前提是"小（大）指领劲"。

要做到"以手领肘"，非从"小指领劲"做起不可。

按陈长兴"三节说"，以掌言之，手指为梢节，手掌为中节，手腕为根节。那么"以手领肘"时，则是手指要领劲，也就是我们通常说的手指的顺、逆缠丝。小指领劲是顺缠，拇指领劲是逆缠。这一点也无需赘言，但需要指出的是：

第一，掌型关系到手指领劲的正确与效果。目前陈式太极拳者掌型为"瓦楞掌"，但大多是"拇指与小指有相合之意，中指、食指、无名指微向后仰。四指均轻轻合拢，不可用力，掌心要虚"的掌型（图1）。

然，这样的说法与掌型有待商榷。

笔者根据有关拳技资料并结合技击实践认为，"瓦楞掌"掌型应是：小指、无名指、中指、食指适度分开，手指中节微屈，指尖都要与拇指微微相合，掌心虚拢中空，手指指尖皆不可后仰（图2～图4）。

第二，小指或大拇指领劲时一定要依次而行，也就是手指一个一个依次递行，不可整个手指同时顺缠或逆缠，也不可以食指的翻转为顺、逆缠丝的判断或准绳（图4、图5）。

附录一：拳论

图1　瓦楞掌（正面）

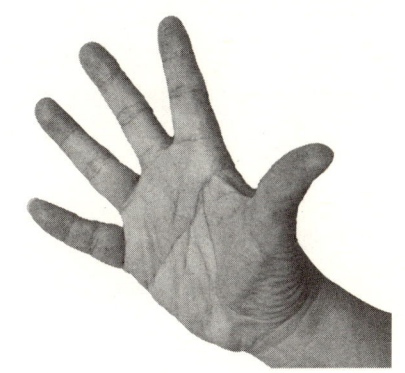

图2　瓦楞掌（正面）

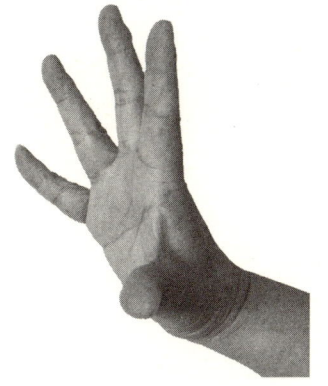

图3　瓦楞掌（侧面，塌腕）

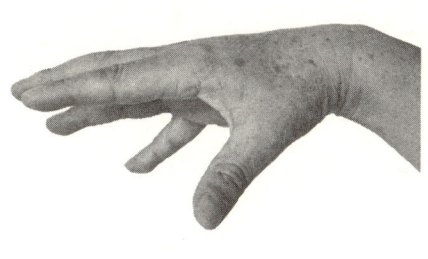

图4　瓦楞掌（侧面，松腕）

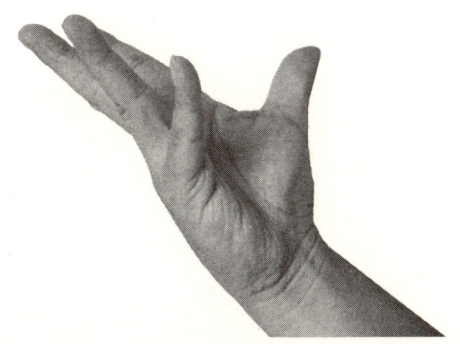

图5　顺缠（小指领劲）

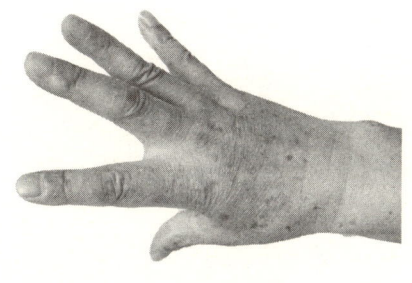

图6　逆缠（大拇指领劲）

就以上两点，笔者不论是行拳走架还是技击搏斗，运用这样的掌型，更有利于梢节领劲，更有利于顺、逆缠丝劲的功效，更有利于节节分家、节节贯串，更有利于拳势的正确，更有利于技击技术的发挥，更贴近太极拳拳理。

于此，笔者以为：

欲要节节贯串，先要节节分家；

欲要节节分家，先要三节分家；

欲要三节分家，先要梢节领劲；

欲要梢节领劲，先要每动先走手；

欲要每动先走手，先要小（大）指领劲。

笔者称之为"领劲一走，浑身都有"！

（发表于《中华武术》2012年第12期）

太极拳之"三节分家"

文/王 骏 罗永平

太极拳，据太极之理，由无极至太极，由无相而生有相；其运化自然之道也！运丹转精，梢领神合，意守虚灵，神气充实为其精义，虚顶领劲、含胸拔背、松腰圆裆、虚实相间、沉肩坠肘、节节贯串为其法象，旨在顺势而为，通过螺旋缠丝虚实的变化，达到"人不知我，我独知人"而制人的搏击效果。太极拳蕴含了很多精湛的拳法技理，是"以弱胜强"的法门所在，故习练太极拳须辨其大义，察其微言，心中豁然明达，方能学有所得；若不知其所以然，则虽有"数十年纯功"，恐亦难以运化。

以太极拳推手、散手而论，"节节贯串"是重要法则。能"节节贯串"，则意灵通达，发放自如。而想要始终如一地做到"节节贯串"，前提是"节节分家"，尤其"三节分家"，才会有"跌空"之感，方可产生"引进落空"的技击效果；其技势运化圆活而无滞碍，形质神气无拘无束，以柔出奇，无坚不摧。

太极拳推手、散手，各种要领、要旨、原则等众多名家、大师均有论述，然，对"三节分家"的论述很少。吾师罗永平先生2012年写就并发表的《太极拳之"节节贯串"》一文，提炼并总结了四十多年习拳、技击心得，即"欲要节节贯串，先要节节分家；欲要节节分家，先要三节分家；欲要三节分家，先要梢节领劲；欲要梢节领劲，先要每动先走手；欲要每动先走手，先要小（大）指领劲"。

这里，明确提出了"三节分家"的理念，但对手"三节分家"的作用，太极拳界更鲜有提及，现今我们提出，是因为我等与罗师学拳、走架、技击过程中，经他讲解、示范、搏击，纠正了我们以往大多数太极拳练习者的错误理念和技法原则，品尝到了"三节分家"的甜味、趣味、意味，深感"三节分家"的重要性，真正体会到了太极拳"引进落空""四两拨千斤"

的奇妙，乃普受泽惠，受益良多。

何谓"三节"？陈长兴公在其所著《太极拳十大要论》中曰："……身节部甚繁，若逐节论之，则有远乎拳术之宗旨，唯分为三节而论，可谓得其截法：三节上、中、下，或根、中、梢也。"继而将头、中身、腿、臂、手分论三节，此不繁叙由于太极拳以手法、腿法为至用，且以手、臂、腿论："以腿言之，胯为根节，膝为中节，足为梢节；以臂言之，膊为根节，肘为中节，手为梢节；以手言之，腕为根节，掌为中节，指为梢节。"

简而言之，"三节分家"即胯膝脚、肩肘手、指掌腕"三节"之间，在行拳走架、推手散手时犹如珍珠串联，节节松杳，关关舍弃，不呈拙劲。若一节被制，它节则可转圜，致全身松柔圆活，螺旋缠绕，交融腾挪，得机得势。

罗师进一步指出：在散手实战中，手臂和腿的"三节分家"尤为重要，经常起到决定性作用。例如，"六封四闭"技势之招术一"折拿虎尾"的解脱擒拿；招术三"疾风断肢"的按采，就要求手臂的三节分家；"大六封四闭"技势之招术三"果老下骑"的点踹，就要求腿部的三节分家。其实"三节分家"在技势招术中俯拾即是。当然,只有在做到"节节分家"的基础上,才可做到"三节分家"。

为什么说"三节分家"重要以至起到决定性作用呢？因为它符合自然，契合人类肢体运动规律。我们看看自然界中的猫科动物：虎、狮、豹等，他们在追逐猎物奔跑时四肢的状态就自然呈现"三节分家"，尤其在扑向猎物瞬间，前肢运动整个就是"三节分家"，这是动物的本能，体现了最自然、最省力、最有效的捕捉状态，何尝不是一种形体之美呀！我们人体也是如此，篮球运动员接球时的手、肘、肩分家方可接住球，投篮时手、肘、肩"三节分家"更为明显；足球运动员在传踢球、射门时脚、膝、胯也是"三节分家"，他们不可能挺直手臂接球或投篮，也不可能伸直腿脚去踢球或射门，因为不论是手臂还是腿脚，只有"三节分家"才最自然、最省力、最有效、最具有美感。太极拳者讲究"天人合一"、融入自然，讲究"四两拨千斤"，因此，太极拳无论是行拳走架，还是推手、散手，最自然、最省力、最有效的理念和状态，就是"三节分家"。唯有"三节分家"，才能做到"任他巨力来打我，牵动四两拨千斤"和"引进落空合即出，粘连黏随不丢顶"，才能呈现太极拳应有之美，才能感受太极拳搏击的精妙、奇妙！

如何做到"三节分家"？首先，要对"三节分家"理念有清晰的认知，理解其含义，晓知其运化。其次，练拳走架首先要做到梢节领劲，沉肩坠肘，主宰于腰；再次，每一技势的招术要在老师指导、喂招下反复练习，体悟内蕴；最后，推手、散手实战中锤炼感知。

下面列举若干技势招术，去领略"三节分家"在推手、散手的技用妙观。

招术例一　折拿虎尾

这是"六封四闭"技势招术之一。

注：着白色衣者为我方，着黑色衣者为对方。

合步推手或散手实战，遇对方抓我右掌，欲绞臂锁拿；我右臂三节分家，梢节手掌领劲，折腕转圜回收，对方必被牵动引进，致对方掌背面击我，同时我左手迎上，与右手合握夹击，左手大拇指点按其"中白穴"附近，合劲反拿致对方疼痛难忍前跌。真是"一阴一阳护前胸，何惧狂夫抓手攻"（图1~图14）。

图1

图2

图 3

图 4

图 5

图 6

图 7

图 8

附录一：拳论

图 9　　　　　　　　　　图 10

图 11　　　　　　　　　　图 12

图 13　　　　　　　　　　图 14

要诀：肩肘与手先分家，折叠合收擒成绝。不论对方反拿手掌还是正拿、竖拿手掌都可以此招术应对解脱并反拿对方，关键是要做到梢节领劲、三节分家。

招术例二　轻抹头陀

这是"十字手"技势招术之二。

合步推手，划圈打轮。我于上掤下按之际，右掌转插对方左颈侧，右臂三节分家，以掌根向左下按压，对方必然顶抗，我右掌顺势由"按"变"勾"，勾缠住其颈部，以手领劲，向右下"抹"带，同时左手托住其右臂，沉胯右转，合劲将对方抛出。这叫"横开清波荡漾，全仗梢领旋转"（图15~图27）。

图15

图16

图17

附录一：拳论

图 18

图 19

图 20

图 21

图 22

图 23

图 24　　　　　　　　　图 25

图 26　　　　　　　　　图 27

要诀：欲右先左走内弧，上引下击腕转关。

招术例三　野马探头

这是"高探马"技势招术之三。

散手实战中，对方右拳向我当面直袭；我以胸迎锋吞化来劲，两手逆缠合截其臂，左臂三节分家，掌黏抹下引（关键在"抹"，然，无三节分家就无法"抹"），致其前倾而授首，右臂三节分家，右掌蓄劲逆缠猛拍打其面，彼应声跌出。所谓"果能立势超流俗，汗血宝驹也征服"（图28~图41）。

附录一：拳论

图 28

图 29　　　　　　　　　图 30

图 31　　　　　　　　　图 32

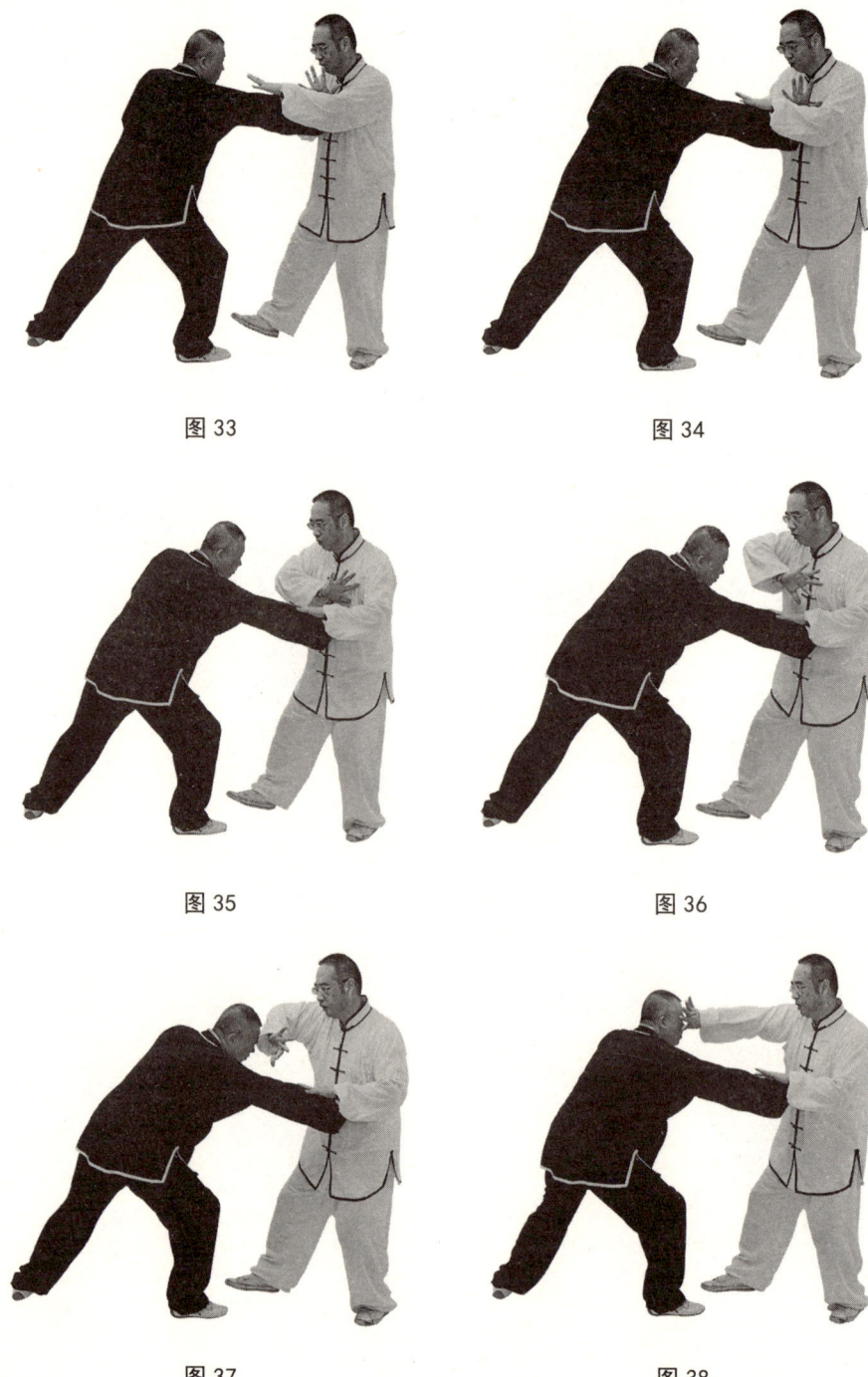

图 33　　　　　　　图 34

图 35　　　　　　　图 36

图 37　　　　　　　图 38

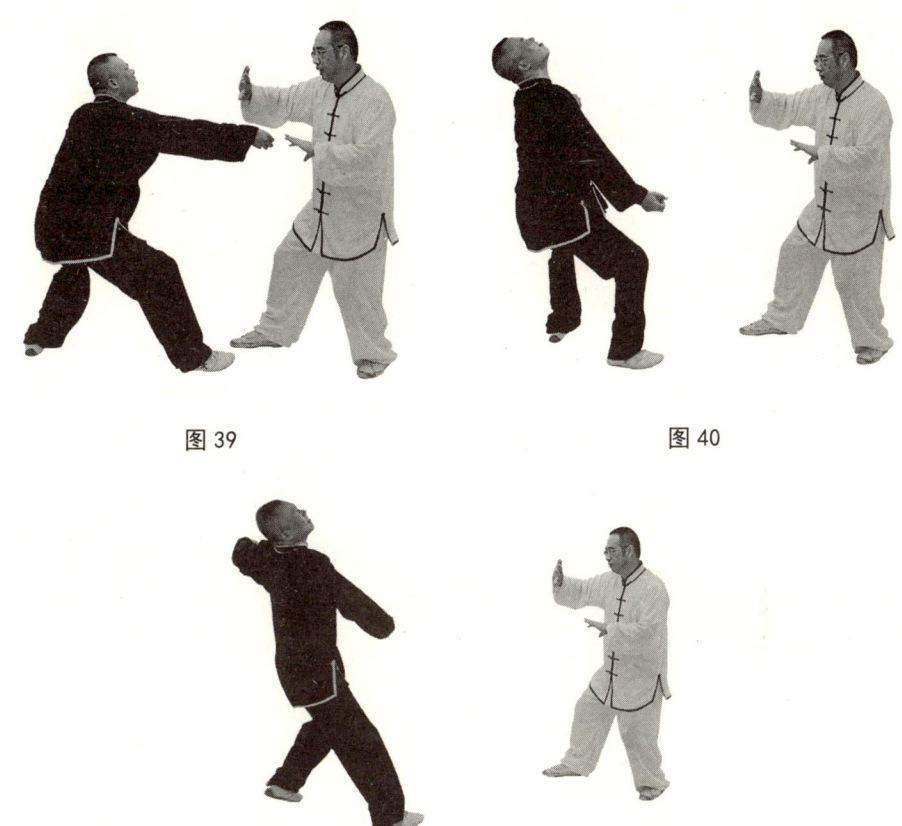

图39　　　　　　　　　　图40

图41

要诀：以胸吞化是绝技，双逆左抹右出击。

"高探马"一式技法精妙、含意深邃，彰显了陈式太极拳梢节领劲、三节分家、随曲就伸、虚实相间的技战特点，娴熟此式，对提高太极拳技理技法的认识，将大有裨益。

太极拳推手之"跌"

太极拳推手，是练习太极拳搏击技术的重要方法，是检验太极拳功架正确与否的主要途径。当然，它对健身强体也极有益处，因此，凡是太极拳练到一定阶段和水平的人，都希望会推手、善推手、推好手。

但是，当下的太极拳推手，无论是各级推手比赛，抑或是民间推手，普遍存在着顶牛、拼力，甚或多用摔跤技法的现象，这背离了太极拳推手的原义，引起了太极拳界的关切和担忧。洪均生大师曾忧心地说："观看了多少年的推手比赛,连电视放映的陈沟推手,都类似摔跤。"许多老师都叹谓："无技巧而硬顶。"近几年，由于上述原因，国家暂停了推手比赛，以深入思考和研究。不久前在国家武术主管部门召开的推手研讨会上，就强烈抨击这种现象，呼吁"还归推手原义，净化推手技法"。

推手的原义是什么？是粘连黏随，是引进落空，是四两拨千斤。

我国的武术是一种综合性的技击法，自古以来就有踢、打、摔、拿、跌五种技法。唯独摔法只讲摔，不讲打、踢、拿、跌，几千年来就一直独立发展，演变为今天的"中国式摔跤"。其他四种技法虽然是综合练习，但各具特色。比如历来就有的"南拳北腿"和"长拳短打"之说，就说明了这种特色;明朝与戚继光同时代的名手，如"李半天之腿""鹰爪王之拿""千跌张之跌""张伯敬之打"等，说明这些名手各具一技之长。然而，在日常学练和实习中，踢、打、拿、跌具有一定伤害性，因而，多少年来人们只作假想性或象征性练习，这样就为"花拳绣腿"打开了方便之门。

陈王廷创造的推手方法，以缠绕黏随为中心，练习皮肤的触觉和内体感觉的灵敏度，综合了跌、打、踢、拿等技法，并且还有所发展。比如拿法，就不限于拿对方骨节，而是着重拿人劲路，这就比一般拿法高明;比如掷放，不限于将对方局部击伤，而是整劲将对方发放或抛出。这就产生了太极拳推手的跌、打、踢、拿、掷的基本技法以及接（接住来劲）、化（引进落空）、拿（使敌不能走化）、发（合即出反击）等技法。推手方法的产生，解决了训练搏斗技术时场地、服装、护具等问题，特别是解决了训练双方基本没有伤害性的问题，可以说，这是划时代的创造。

目前推手产生的诸多问题，主要原因在于观念上的偏差，除了拼力顶牛外，认为只要将对方摔倒的观念很是流行。殊不知，一年跤，三年拳，太极十年不出门。如果太极拳、推手与摔跤雷同，那还不如练习摔跤呢。

或许有人会问，推手中被摔倒很正常，如此，运用摔跤技法有何不可？

当然可以，问题是，摔跤与推手的理念以及技法有很大不同。

摔跤，是两人相抱，运用力气和技巧，以摔倒对方为胜的对抗性运动，踢、打、拿则不可运用。

推手，是两人缠绕，运用"掤、捋、挤、按、采、挒、肘、靠"等技法以借力、打力使对方身体失去平衡，或发劲掷人跌于丈外的对抗性运动，且踢、打、拿、跌技术均可随意运用。

从以上定义不难看出，摔跤比较单一，其理念主要凭借力气和技巧取胜。推手较全面，其理念是以柔克刚，四两拨千斤。尤其不提倡摔法，虽然跌法与摔法有点交叉。因此，在太极拳推手中，讲究的是"跌"而不是"摔"。

何谓"摔"？何谓"跌"？

"摔"，动词，形声字，从手，率声。本义，用力扔在地上；

"跌"，动词，形声字，从足，失声，本义，失足跌倒。

从字的本意上看，摔从手，是主动地用手摔什么。跌，从足，被动地失足而倒。摔跤技法，凭借力气和技巧，以摔倒对方为胜，主动性很强。而推手，凭借触觉，运用十三势技法，以柔克刚、引进落空、四两拨千斤，以缠绕、踢打、拿跌、掷放对方而出为胜，被动性强。因此，"摔"和"跌"不能混淆！

在推手中唯有"引进落空"，使对方产生失重的"跌"方能"合即出"；唯有借力打力后的"跌"，才能体现"以柔克刚"；唯有对方"跌"，才可看到"察'四两拨千斤'，显非力胜；观耄耋御众之形，快何能为"的效果。

人为地主动地去摔，自然就会用力气，顶牛。摔跤通过手脚技法来完成，其主要手法有底手、上手、捅手、掀手、耕手、掖手、撕手等；主要跤绊有揣、入、崩、拦、勾、切、耙、掰、搂抱等方法。推手时什么技术都可以用，包括摔跤技法，但不能去追求、讲究。再说，推手中腿和脚的用法，主要是套、封、插、逼地管住对方脚或腿；在散手中亦或蹬膝关节、踩臁骨、采脚面等，明显不同于摔跤。推手中使对方倒地，是运用十三势技法，将对方"引进"，使其"落空"而跌倒，所谓"失足而跌"也！

前辈太极拳大家散手发劲运用跌法有：手当足用，足当手用，一动即进，插裆管脚，拧腰变脸，横直披砍，应手而跌。

其实，太极拳祖师、宗师们早就如是说：

纵放屈伸人莫知，诸靠缠绕我皆依。
劈打推压得进步，搬撂横采也难敌。
钩掤逼揽人人晓，闪惊巧取有谁知？
详输诈走谁云败，引诱回冲制胜归。
滚栓搭扫灵微妙，横直劈砍奇更奇。
截进遮拦穿心肘，迎风接步红包捶；
二换扫压挂面脚，左右边簪庄跟腿；
截前压后无缝锁，声东击西要熟知；
上笼下提君须记，进攻退闪莫迟迟。
藏头盖面天下有，攒心剁肋世间稀。
教师不识此中理，难将武艺论高低。
——陈王廷《拳经总歌》

这是阐述古代太极拳攻防的战略、战术、技术的拳论，是总结古代踢、打、拿、跌技击术的拳论。在"诸靠缠绕"的前提下，运用"劈打推压、搬撂横采、钩掤逼揽、滚栓搭扫、横直劈砍、攒心剁肋"等技法制敌，通篇没有"摔"字。

其次，王宗岳的《太极拳论》《打手歌》；武禹襄的《打手要言》《四字不传秘诀》；李亦畬的《五字诀》《撒放秘诀》，陈鑫的《陈式太极拳图说》均未提到摔跤技法。

再次，杨澄甫说过："太极听劲全是知彼功夫，能黏住敌人，彼不动，我不动，彼微动，我先动，彼不会听劲，一动即跌出矣。"你看，这里用的是"跌出"。

笔者从学太极拳和推手起，也从未从师傅口中以及所接触的老师中，传授或讲过要用摔跤的技法。

可见太极拳推手的一个重要理念和技法,不是"摔",而是"跌"。

"跌"是太极拳推手主要技法之一。

我们在推手时还是共同遵循《打手歌》吧!

掤捋挤按须认真,上下相随人难进。

任他巨力来打我,牵动四两拨千斤。

引进落空合即出,粘连黏随不丢顶。

(发表于《中华武术》2014年第2期)

太极拳技理架构探究

文/王 骏 徐 劲 王 涟

罗永平老师是南京著名陈式太极拳拳师、著名太极拳研究者、温县太极拳研究院名誉院长、中华太极拳优秀传承人。多年来，罗永平老师一直处于太极拳技理和太极文化研究的前沿，笔耕不辍，佳作裕如，经常在《中华武术》等期刊上发表太极拳技理及太极文化研究性论文，尤其是南京大学出版社公开出版发行的罗永平老师所著《太极拳技理探微》一书，其阐述了对太极拳拳法及实用技理的认知、观点、理念，为太极拳界所认同，并受到太极拳爱好者的推崇。

罗师常说，"明理才能明拳，明拳才能明技"；"理不明，拳亦空；技不明，拳亦呆"。正因如此，罗师对太极拳的技术理论深研不殆，并善于在实践中总结提炼。罗师始终"以太极文化熏陶人，以太极技艺折服人"的理念传授、弘扬太极拳及太极文化。他不仅对太极文化有着独到灼见，且太极拳实战推手功夫亦属上乘！温县太极拳研究院院长严双军先生编著的《太极功夫》，在"太极拳史"第五章"当代太极拳代表性传承人"中，对罗师的推手功夫有如下的评价："……与罗永平先生推手，虚吞笼敷，松沉缠绕，皆感被其随心所欲般的掌控。进，则可能被吞没；出，则顺势被散放。"对此，我们感同身受。向罗师拜求拳技的过程中，那种被制于股掌之间而欲脱不能的失措、被"引进落空"而失重跌扑的惊愕，正是罗师太极技理效用的体现。纵观罗师独出机杼、深耕易耨之诸篇经典拳论，结合其40余年来行拳、讲拳、传拳的实践脉络，客观上形成了罗师太极拳技理的架构体系。作为弟子，幸从明师，现就罗师太极拳技理架构体系之形成、要点、致用等方面，拟探究太极拳之真谛！

一、罗师太极拳技理架构之基石

发表于2012年第12期《中华武术》上的《太极拳之"节节贯串"》一文，从陈长兴太极拳"三节论"出发，指出"节节贯串"是太极拳修炼的严格要求和周身效果，分析了"节节贯串"的诸多要素，提出了达到"节节贯串"的首要条件是"节节分家"的重要理念，详尽分析了"节节分家"的前提和习练方法，引出并强调了"梢节领劲"的重要性，有力论证了"欲要节节贯串，先要节节分家；欲要节节分家，先要梢节领劲；欲要梢节领劲，先要每动先走手；欲要每动先走手，先要小（大）指领劲"观点。为我们厘清了节节贯串、节节分家、梢节领劲等之间的逻辑关系。

发表于2014年第10期《中华武术》上的《正确理解"其跟在脚,发于腿,主宰于腰,行于手指"之意》一文，纠正了社会上一般人对"腰为主宰"一句的错误理解，指出"腰是主宰，是支配、掌握劲力或内气分配与走向的枢纽"，强调了"腰为发动机、主宰、分配"的作用，分析了"以手领劲"的理论依据以及实战技击时的妙处，论证了"主宰于腰"与"以手领劲"的统一性，使我们对武禹襄这句名言有了清晰正确的认识，意义重大。

而发表于2014年第2期《中华武术》上的《太极拳推手之"跌"》一文，首次提出了太极拳推手技击中"跌"的理念，进而阐述了"跌"与"摔"的区别，强调"跌"是"引进落空"的重要体现，是推手技击追求的状态。

可以看出,上述三篇不同时期发表于《中华武术》的经典拳论，提要钩玄、析义详核，奠定了罗师太极拳技击理念基础，而"梢节领劲""腰为主宰""跌空合出"的要点则成为罗师太极拳技理架构的基石。这座基石，是对前人理论的辨析，是自身修炼体悟之集成，它源于拳理，实践验证，可靠实用。

二、罗师太极拳技理架构之简析

1. 梢节领劲

陈长兴公《太极十大要论》曰："夫四梢者，身之余绪也……四梢足，则气自足矣！岂复有虚而不实，实而仍虚之弊乎！"由此可见，梢节不领，则气不足，虚实不分。"梢节领劲"是盘架子以及推手实战的首要之务。罗师在《太极拳之"节节贯串"》一文中提出了"节节分家"理念，强调只有"分家透"，才能"贯串足"，才能"周身节点自然柔润连接，毫无滞障"，而此非"梢节领劲"不可得！"梢节领劲"之法至要：每动先走手，双手顺逆缠丝，手指要领劲，"以手领肘"，"以手领肩"，节节贯串，上下相随，一气贯通！如是，行拳自然沉稳，起承转换，虚实分明；开合蓄发，刚柔相济，正如罗师所说："领劲一走，浑身都有。"

然社会上普遍存在对武禹襄名句"臆断"的现象，看到"其根在脚，发于腿，主宰于腰，行于手指"一句，就想当然地认为劲路就像流水或气体一样，从脚到腿，到腰，最后行于手指，强调的是腰、腿作用，而对"行于手指"少有提及，有的还要求太极拳"不动手"，似乎腿、腰运行好了，手就可自然运用，这一点本末倒置了。其实武禹襄这段话开头第一句就说到"每一动，惟手先着力，随即松开"，首先讲的是手的运动，而非腿腰。手是梢节，梢节先动，符合与人推手搏击规律。我们与人推手搏击时都称"交手""试手"，如果胜利了叫"得手"，被打败了叫"失手"。因为手是最灵活、最敏感的！虽然，太极拳者练到"神明"阶段"浑身都是手"，可还是讲"手"，不可能说"浑身都是脚""浑身都是肘""浑身都是肩"……，因此"梢节领劲"的理念和训练方法是符合太极拳原理的实战练习方法的，亦是"节节贯串"的前提。

2. 腰为主宰

罗师在《正确理解"其跟在脚，发于腿，主宰于腰，行于手指"之意》一文中，精辟地论述了"腰为主宰"的真实涵义，对正确理解武禹襄《打手要言》之原义，起到了正本清源、补苴调腩的作用。文中罗师阐释："腰际是支配、掌握劲力或内气分配与走向的枢纽。外形看是腰胯运动，其实是内在'丹田'的运动带动的，也就是'丹田内转'，其劲力或内气，通过'腰'这个枢纽，向上分配六成，向下分配四成。向下分配的劲力或内气回到脚上后，利用地球引力蹬地反弹，产生力源；向上分配的劲力或内气达到手指，形成力点。力源与力点节节贯串，一气呵成，形成太极拳特有的弹抖劲、爆发劲。"这是对"主宰于腰"理解的匡正，具有重要意义。

综上所述，对"腰为主宰"应有了清晰的、明确的认识，"腰为主宰"是劲力或内气产生、输送、回收的调控系统，而完成的方式实为"丹田内转"。至此，仿佛"腰为主宰"在太极拳运动中据主导地位？其实不然，罗师论道："在推手搏击中，以手领劲（也就是'梢节领劲'）是通过'腰为主宰'，将劲力或内气下行于脚，上达手指……以手领劲，启动快、变化迅速，打击较稳、较准。"也就是说，"梢节领劲"才是太极拳运动的实际感知者、引化者，有时也是打击者。我们在与对手推手搏击中，对方攻击到的接触点即为我之梢节，当然接触点最多的是手，因为无论对方如何攻击，你大多都会以手去接招、接触，所以，作为梢节的手，首先感知到对方劲路、劲力，是感知者；同时与"腰为主宰"的契合调控引化，是引化者；旋即以太极"八法"中适当的技法打击对方，是打击者。打击对方最多的还是手，太极拳"八法"掤、捋、挤、按、采、挒六法皆以手为之，肘、靠运用有时还须以手领劲。于此"腰为主宰"是随着"梢节领劲"而动，两者和谐统一，互拱其势，"始而意动、既而劲动"。

3. 跌空合出

罗师在《太极拳推手之"跌"》一文中，首次提出了太极拳推手技击中"跌"的概念。何为"跌"？罗师文中解析："将对方引动两脚或单脚翘起或离地，无论前倾、后仰、左摇、右摆都是'跌'，所谓失足而跌也！"进而阐述了"跌"与"摔"的区别。以搏击论，"摔"是本劲加技巧；而"跌"是"力从人借"加技巧。显然后者比前者更高明。同时强调太极拳推手的原义：是粘连黏随；是引进落空；是四两拨千斤。太极拳推手搏击引化的最佳状态是"跌空"。大家知道，太极拳拳法历来有"借力打力"之说，不言而喻，这是一种精妙的技击技术，所谓"借"，即"引"。所谓"引"：是改变对方劲力方向的一切技法，目的是造成对方"跌"，即"跌"必"空"，"空"而失据，方能产生"合即出"的契机。在推手技击时，当对方跌空将收未收时，我方劲力已到，当即通过"丹田内转"劲力上下分配，上"行于手指"（或接触点），下脚跟力源反弹，节节贯串，劲力发出。这时敌我两股劲"合"为一处，为一整体，如一个人，产生 1+1=2 的劲力；若加上螺旋缠丝的掤劲，往往会产生 1+1>2 的效果，将对方掷发或致对方栽倒扑地，这才是我们所追求的太极拳技击"四两拨千斤""引进落空"的境界效果。

"跌空合出"是罗师太极拳技理效用的体现，是"梢节领劲""腰为主宰"掩映相和、触机薄发的终极写实，是太极拳真正的精髓，也是太极拳臻功之玄妙境界。正如罗师《太极拳之"神明"辨析》中所道："太极拳从熟习着法入手，而渐渐懂得劲的变化规律，进而融通阴阳之变化，阴阳相交、刚柔相济、或隐或显、自成形质，以到达太极拳最高境界。"

三、罗师太极拳技理的金字塔架构

罗师的三篇论文，在前人基础上，提出"梢节领劲""腰为主宰""跌空合出"的技击理念，精炼出太极拳推手搏击特点，简单明了，简便易行，效果明显。为此，我们根据罗师的技击理念的三个要点，构成三角形面，由此形成罗师太极拳技理金字塔三角形架构，见下图：

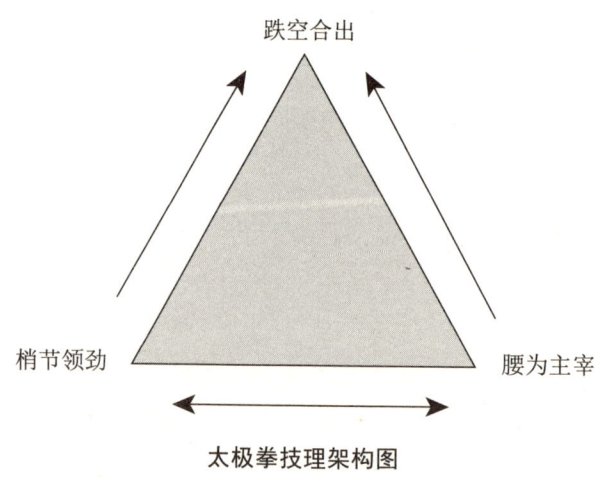

太极拳技理架构图

如图所示，"梢节领劲""腰为主宰"是三角形底边的两个基点，它是前提、是条件、是基石；"跌空合出"是三角形的顶尖，它是目的、是方向、是效果。只有做到梢节领劲、腰为主宰，才能跌空合出，正如古埃及金字塔形一般。

此图所表示的"梢节领劲，腰为主宰，跌空合出"，实乃相辅相成，相得益彰，浑然一体。没有"梢节领劲"做不到"节节分家"，更谈不上"节节贯串"；没有"腰为主宰"，就找不到劲力支配的枢纽与源泉，就发不出开合有度、一气呵成的"整劲"和"弹抖劲"；没有"跌空合出"，就没有太极拳引化拿打之巧妙，更不会有耄耋御众之令人神往的太极功夫。

通过对罗师太极拳技理的认知，以及其太极理念的探究，勾勒出方向明确、关系稳定、逻辑明晰、直观易懂的太极拳技理金字塔架构图。该图去繁就简，图明寓深，清晰明了地揭示了太极拳技击的奥妙！行由此径，定能进入太极拳的神明殿堂。

不仅如此，罗师还以"要言"的形式总结凝练了他的技理，现附于后：

太极拳要言四则

（一）

梢节领劲首要务，腰为主宰劲配处。
领劲腰胯相契合，跌空顿现任玩乎。

（二）

世人都说技击难，难就难在跌空上。
若能驾驭手与胯，跌空说难也不难。

（三）

分家贯串为一家，先分后贯方为佳。
唯有节节分家透，才能周身劲贯就。

（四）

若使跌空玩得转，还须缠丝加膨（掤）胀。
领劲分家跌空走，太极神明会招手。

（刊登于《中华武术》2015 年第 7 期）

正确理解"其跟在脚，发于腿，主宰于腰，行于手指"之意

笔者2012年写就的《太极拳之"节节贯串"》一文，提出了"欲要节节贯串，先要节节分家；欲要节节分家，先要梢节领劲；欲要梢节领劲，先要每动先走手；欲要每动先走手，先要小（大）指领劲"的理念。《中华武术》2012年第12期将此文发表，得到了太极拳同仁的普遍关注。支持赞同者有之，质疑反对者亦有之。当然，有质疑是好事，观念、拳技的讨论、冲突才可使我们对太极拳有更深、更全面、更正确的理解。

质疑的理由有二：

一是王宗岳《十三势行功歌》中"十三总势莫轻视，命意源头在腰隙"一句明明说，腰是命意源头；

二是武禹襄《打手要言》中"其跟在脚，发于腿，主宰于腰，行于手指"明明说，腰是主宰。

这两段话都说太极拳"腰"很重要，太极拳界许多人都是这样认为，笔者初期也是这样认为和学练的。

关于第一点，王宗岳说"腰隙"至关重要，也就是"腰"的重要性，笔者在《太极拳之"胯"》一文中已有阐述，不再赘述（可参阅《少林与太极》2008年第4期）。

关于第二点，笔者的《太极拳之"节节贯串"》多有阐述，现再加以补充。

武禹襄这段话无疑是正确的，但我们应该全面理解，正确解读，不能择其一段而臆断。武禹襄的全文是：

每一动，惟手先着力，随即松开。犹须贯串一致，不外起承转合。

气宜鼓荡，神宜内敛。勿使有缺陷处，勿使有凹凸处，勿使有断绪处。其根在脚，发于腿，主宰于腰，行于手指。由脚而腿、

而腰,总须完整一气。向前、退后,乃能得机得势,有不得机得势处,身便散乱,必至偏倚。其病必于腰腿求之。上下、前后、左右皆然。

凡此皆是意,不是外面。有上即有下,有前即有后,有左即有右。如意要向上,即寓下意。若将物掀起,而加以挫之之力,斯其根自断,乃坏之速而无疑。

虚实宜分清楚,一处自有一处虚实,处处总有此一虚实。周身节节贯串,勿令丝毫间断。

综观全文,处处精彩、经典。四段话多层意思,简单明了又寓意深奥。但武禹襄第一段的首句就是"每一动,惟手先着力,随即松开"。他首先强调"手"的作用,即"手"的领劲作用,也就是"每动先走手"。但如若依质疑者言,与武禹襄第二段"其跟在脚,发于腿,主宰于腰,行于手指"不是自相矛盾吗?

是的,许多太极拳者片面、孤立、绝对化地理解了武禹襄这段话之意。

请看全句"其根在脚,发于腿,主宰于腰,行于手指。由脚而腿、而腰,总须完整一气",太极拳习练者大都将这句话理解为,任何劲力或内气都应该从脚开始启动,顺着腿、腰、到达手指,一气顺成。但笔者认为,这样的理解,恰恰是忽略或不理解"主宰"这两个字的涵义。所谓"主宰",《现代汉语词典》(第7版)的解释是"支配、掌握人或事物的力量"。根据这一解释,我们可以认为,武禹襄以"主宰"一词说明腰区别于根在脚、发于腿、行于手指的说法,正体现了武禹襄对太极拳体悟的精准和高明之处。他告诉我们,腰是主宰,是支配、掌握劲力或内气分配与走向的枢纽,它不是简单的如流水般地顺着脚、腿、腰、手指流淌或运行。

理解了腰为主宰的涵义,就不难理解"主宰"太极拳的"腰"到底是怎样起作用了。笔者以为:人体各个部分和关节都有着自己旋转的规律,但都是以腰为轴心使身体各部分连贯起来。这就是第四段提出的"节节贯串"。为了达到这个要求,我们在推手或搏击时,如武禹襄所言"每动手先着力",即先要以梢节的手领劲,只有手先领劲,才可调动周身,从而达到节节贯串的要求。问题是,以手领劲,"腰"如何"主宰"呢?顾留馨说:"内劲发源于腹部,丹田劲如以十分计算,用意识将六分劲上行达两肩,缠绕运转至膊、肘、腕、掌,透达于两手指尖,先小指,依次至无名指、中指、食指、拇指。将四分劲往下运行经胯分达两腿缠绕运转至膝、足,透达于两足尖,先小趾,依次至大趾,这是随着动作的开展、引申、呼气二运转缠绕到四梢(两手尖、两足尖)的,是由内而外的前进螺旋劲"(《太极拳术》1982年版第73页)。

根据这一论述,腰是整合、分配身体各部位各关节力的机关、枢纽,也就是说,我们练就的太极拳劲力或内气,通过腰这个轴心,向上分配六成,向下分配四成。向下分配的劲力或内气回到脚上后,利用地球引力蹬地反弹,产生力源;向上分配的劲力或内气达到手指,形成了力点。力源与力点节节贯串,一气呵成,形成太极拳特有的弹抖劲、爆发劲。笔者以为,这就是"腰"为"主宰"的实际涵义。

此外,有质疑者说,在推手搏击中,手与腰、肩、肘的运动关系应该是腰催肩、肩催肘、肘催手。笔者对此不能苟同。在推手搏击中,如果按这种运动关系实战,将手放在从属于肩、肘统领的位置,这首先在时间上就慢了几拍;其次转换速度也慢,引化被动;再次无法即化即打,攻击不容易打上。这已被大量推手搏击证明了的。

其实,在手与腰、肩、肘的运动关系中,手的运动应该是主动的、龙头的。陈长兴说,"梢节领、中节随、根节催",手是上肢的梢节,当然是以手领劲。所以张志俊说:"手领劲、肘定位、肩放松、腰分配"(张志俊《太极拳两手"相吸相系"析》,见余功保《中国当代太极拳精论集》第156页)。笔者赞同,因为,在推手搏击中,双方接触的首先是手,而不是腰、肩、肘。大量事实证明,手领劲的好坏,直接影响推手搏击效果。以手领劲,有利于螺旋缠丝,更好地发挥缠丝劲力;以手领劲,有利于沉肩坠肘,身肢放长;以手领劲,启动快,变化迅速,打击较稳、较准;以手领劲,蓄劲时间短,更容易连续打击。

以手领劲为的是向身躯中间的腰收,通过腰的主宰,下行于脚,上达手指,产生太极拳劲力。收了才能放,收得足、收得紧,放的劲力才能大、才能强。因此,腰的主宰与以手领劲是不矛盾的,是统一的。

笔者在无数次的推手搏击实践中,深深体悟到"每动先走手""梢节领劲""腰"为"主宰"的奥妙。在教学中,以此理念和思路传授太极拳;在整拳、捏拳中讲解；推手、搏击中拆拳、试劲；拿、被拿、解脱反拿；接手、即化即打、即拿即打等，只要梢节领劲，每动先走手，学生们普遍受益良多，深感玄妙，直呼真乃太极拳、太极劲！对太极拳的理解更深、更透。

（刊登于《中华武术》2014年第10期）

附录二：弟子名录

一期：任 杰　杨志强　丁玉琴
二期：郑 虎　曹 波　李晓明　王 涟
三期：张 军　叶曦立　徐 劲　王 骏　沈飞鸣
四期：张崇俊　丁文涛　诸星辰　黄振平　韩玉阁
　　　刘 兵　乔 明　谭 晓　张春露　吴 耀　杨克亮
五期：张杰明　沈薛红　张 鸿　蔡宽畅　赵利红
　　　朱立平　邢 军　王 燕

弟子合影

后 记

敲完最后一个词组，不禁伸腰长嘘，终于可将徐师忠琦传授的以及本人学练、体悟、研究的陈式太极拳技艺，以三本书为载体，以文、图形式较为完整地记录下来了。眼前这本书的出版与本人2012年出版的《太极拳技理探微》、2017年出版的《陈氏太极拳大架（83势）技势招术》形成有机整体。

可以这样说，《太极拳技理探微》主要论述的是太极拳的技术理论；《陈氏太极拳大架（83势）技势招术》主要讲解的是陈式太极拳150余招术；而本书《陈式罗架太极拳散手技艺》主要阐述的则是笔者学练、参悟、实践、提炼并具有自己独特风格的陈式罗架太极拳散手实战技艺。

三本书从拳理、招术、散手三个维度去观察、思考、解析太极拳，读者从中可以看出本人对太极拳立体多维且时空转换的全方位认识，也因此构成了我之太极拳的理论体系或技理架构。

太极拳，博大精深，这绝不是一句空话、假话。本人孜孜不倦地追求太极拳五十年，虽自感小有成就，但发自心底地明白，即使穷极一生对太极拳学练、研究，也品味不尽其中的奥妙！

本人虽然写了三本关于太极拳的书，但在浩瀚的太极拳星空中是微不足道的。限于本人的学识、功力，书中难免有遗漏和错误，期许方家不吝赐教。

本书的出版得到人民体育出版社的支持与帮助，深表谢意！弟子王骏参与了初稿撰写，书中图片由弟子李晓明、沈飞鸣示范演练，弟子谭晓、诸星辰、邢军协助拍摄，一并予以感谢。

罗永平
2019.10.10